国家出版基金项目
NATIONAL PUBLICATION FOUNDATION

第九卷

附录及索引卷

王富仁学术文集

王富仁 ◎ 著
李怡 宫立 ◎ 编

山西出版传媒集团
北岳文艺出版社
·太原

图书在版编目（CIP）数据

王富仁学术文集.9，附录及索引卷/王富仁著；李怡，宫立编.—太原：北岳文艺出版社，2021.5
ISBN 978-7-5378-6354-4

Ⅰ.①王… Ⅱ.①王… ②李… ③宫… Ⅲ.①中国文学—文学研究—附录②中国文学—文学研究—索引③王富仁—文集 Ⅳ.①C52②Z89：I206

中国版本图书馆CIP数据核字（2021）第004295号

王富仁学术文集.9·附录及索引卷
王富仁 著
李怡 宫立 编

//

策划	出版发行：山西出版传媒集团·北岳文艺出版社
续小强	地址：山西省太原市并州南路57号　邮编：030012
王朝军	电话：0351-5628696（发行部）　0351-5628688（总编室）
	传真：0351-5628680
项目负责人	经销商：新华书店
王朝军	印刷装订：山西人民印刷有限责任公司
高海霞	
	开本：787mm×1092mm　1/16
责任编辑	总字数：3557千字
王朝军　高海霞	总印张：238.75
庞咏平　赵　婷	版次：2021年5月第1版
	印次：2021年5月山西第1次印刷
书籍设计	书号：ISBN 978-7-5378-6354-4
张永文	总定价486.00元（全12册）
印装监制	
郭　勇	本书版权为本社独家所有，未经本社同意不得转载、摘编或复制

目 录

王富仁生平述要 …………………………………………… 001
王富仁著作一览 …………………………………………… 007

全集注释索引
    专业术语类 …………………………………………… 011
    国家、民族、地名类 …………………………………… 130
    人名类 ………………………………………………… 141
    书籍、作品类 ………………………………………… 214
    团体、流派、机构类 …………………………………… 296
    历史事件及其他社会事项类 ………………………… 310

编后记 ……………………………………………………… 317

王富仁生平述要

王富仁（1941—2017），山东高唐县人，中共党员。先后毕业于山东大学外文系、西北大学中文系与北京师范大学中文系。著名学者，中国现代文学研究会原会长，北京师范大学文学院教授，汕头大学文学院终身教授。

王富仁曾任中国作家协会会员，中国现代文学研究会会长，中国鲁迅研究会、中国闻一多研究会理事。主要学术研究方向为鲁迅研究、中国文化研究、中国现当代文学研究、中国左翼文学与文化研究，2005年以来致力于倡导中国现代"学术—文化"理念："新国学"。曾主持完成教育部和国家社会科学研究基金项目各一项，以及汕头大学"十五"211工程重点项目"新国学研究"。

20世纪80年代，王富仁以"中国反封建思想革命"的全新视角阐释鲁迅小说，这是中国鲁迅研究史上里程碑式的成果，也是新时期中国文坛思想启蒙的重要标志。此后，他又致力于中国现代思想文化研究、中国左翼文学研究，鼎力倡导"新国学"理念，皆成就斐然，在学术界产生了重要的影响。著有《鲁迅前期小说与俄罗斯文学》《中国反封建思想革命的一面镜子——〈呐喊〉〈彷徨〉综论》《先驱者的形象》《文化与文艺》《灵魂的挣扎》《历史的沉思》《鲁迅论集》《现代作家新论》《中国鲁迅研究的历史与现状》《中国文化的守夜人——鲁迅》《中国的文艺复兴》《古老的回声》《中国现代文化指掌图》《语文教学与文学》《蝉之声》《蝉声与牛声》《说说我自己》《呓语集》《王富仁自选集》《王富仁序跋集》等。

1941年，王富仁出生于山东省高唐县琉璃寺镇。

1962年9月—1967年8月，在山东大学外文系，学习俄语。

1967年，毕业于山东大学外文系，后在山东聊城四中任教多年。任教期间，遇到了当时在山东师院聊城分院中文系任教的薛绥之先生，渐渐痴迷上了鲁迅。1968年8月—1970年，在山东解放军农场锻炼。

1970年—1978年，在山东聊城四中任教并担任教导处副主任。其间，正值"文革"，学校的正常教学被打乱，需要"学工学农学军"，于是和十四五岁的学生一起去手表厂学工，去刘盐场学军，去母向庄学农，师生摸爬滚打，吃住在一起。

1973年起开始在《文学评论》《鲁迅研究月刊》等杂志上发表作品。1977年，考取西北大学中文系现代文学专业硕士研究生。

在20世纪80年代，王富仁先生的代表作主要有《鲁迅前期小说与俄罗斯文学》《先驱者的形象》《中国反封建思想革命的一面镜子——〈呐喊〉〈彷徨〉综论》等。

1981年，硕士毕业，获文学硕士学位。

1981年10月—1982年，任西北大学中文系教师。

1981年，纪念鲁迅诞生一百周年学术讨论会在北京举行，当时名不见经传的他是那次研讨会唯一一个不是代表而被选中了论文的学者。他的论文《鲁迅前期小说与俄罗斯文学》由"鲁迅诞生一百周年纪念委员会学术活动组"从173篇论文中选出，编入《纪念鲁迅诞生一百周年学术讨论会论文选》。他也由此成为鲁迅研究界的一颗新星。

1982年，考取北京师范大学中文系现代文学专业博士研究生，师从北京师范大学教授、鲁迅研究奠基者李何林教授。

1983年10月，《鲁迅前期小说与俄罗斯文学》出版。

1984年，顺利毕业，获文学博士学位，是新中国培养的第一位文学博士。他的博士论文《中国反封建思想革命的一面镜子——〈呐喊〉〈彷徨〉综论》以"中国反封建思想革命"的全新视角阐释鲁迅小说，在学术界引起了很大的震动，是中国鲁迅研究史上里程碑式的成果，也是新时期中国文坛思想启蒙的重要标志。

1984年10月—1989年，任北京师范大学中文系讲师、副教授。

1986年8月，博士论文《中国反封建思想革命的一面镜子——〈呐喊〉〈彷徨〉综论》出版。

1988年5月，与吴三元合译的《鲁迅纵横观》出版。

1989年，晋升教授，1992年被聘为博士生导师。指导博士研究生共58人，硕士研究生19人。为本科生、研究生讲授多门课程，如中国现代文学史、现代历史与现代文学等。

20世纪90年代，王富仁先生的著作以《灵魂的挣扎》《历史的沉思》《中国鲁迅研究的历史与现状》等为代表。

1990年，赴香港中文大学英文系比较文学研究室访学3个月。

1990年12月,《文化与文艺》出版。

1993年6月,《灵魂的挣扎:文化的变迁与文学的变迁》出版。

1996年,散文随笔集《蝉之声》出版。

1996年9月,《历史的沉思——鲁迅与中国现代文学论》出版。

1993年,应邀参加韩国中国现代文学研究年会。

1997年,于韩国高丽大学中文系任教一年。

1997年,散文随笔集《蝉声与牛声》出版。

1998年1月,《现代作家新论》出版。

1999年1月,《王富仁自选集》出版。

1999年3月,《中国鲁迅研究的历史与现状》出版。

2000年4月,随笔集《说说我自己》出版。同年,散文随笔集《呓语集》出版。

进入21世纪以来,王富仁的《突破盲点:世纪末社会思潮与鲁迅》《中国文化的守夜人——鲁迅》等著作成为研究鲁迅新的标志性成果。

2001年10月,与赵卓合著的《突破盲点:世纪末社会思潮与鲁迅》出版。

2002年,结集出版鲁迅研究成果《中国文化的守夜人——鲁迅》一书,称:"鲁迅好像也是把自己视为一个守夜人的,他曾经说他是徘徊于明暗之间的,这就是说他认为他处的是个文化的暗夜了。他没有像大多数人那样昏睡过去,他自己还是醒着的,他是想呐喊几声把人都喊醒,却遭人厌恶,鲁迅于是就彷徨起来了。不论鲁迅自觉还是不自觉,他都起了为中国文化守夜的作用。"

2002年，赴北京师范大学珠海校区中文系任教。

2003年，《中国的文艺复兴》《古老的回声：阅读中国古代文学经典》出版。同年，受聘为汕头大学文学院终身教授。

王富仁先生在鲁迅研究领域的巨大成就，奠定了他在中国现代文学研究界的地位。2003年第八届中国现代文学年会上，王富仁在缺席的情况下仍被高票推选为会长，可见其学术影响之大。

2004年2月，《中国现代文化指掌图》出版。

晚年，王富仁最为人瞩目的工作是他的"新国学"研究。2005年，发表14万字的超长论文《新国学论纲》，最早提出了"新国学"概念，系统地阐述了关于国学的新思考，再一次引发学界关注。他认为"新国学"是适应当代中国学术发展的需要提出来的，它视中国文化为一个结构整体，是包括中国古代学术和中国现当代学术在内的中国学术的总称。

2005年，创办《新国学研究》，他强调："《新国学研究》的创办，旨在重建中国学术的整体观念，并在这种新的整体观念的基础上更加主动积极地、更加有效地从事各个不同领域、不同学科和不同专业的学术研究。"

2006年4月，《王富仁序跋集》出版。

2006年6月，《语文教学与文学》出版。

2008年至2014年，任四川大学文学与新闻学院兼职教授，博士生导师。

2010年4月，与钱理群、孙绍振合著的《解读语文》出版。

2013年6月，《中国需要鲁迅》出版。

2017年5月2日晚7时，因病在北京去世，享年76岁。遗体告别仪式于5月6日上午在八宝山殡仪馆竹厅举行。

王富仁著作一览

一、学术著作

（一）鲁迅研究

1.《鲁迅前期小说与俄罗斯文学》（陕西人民出版社1983年10月版）

2.《中国反封建思想革命的一面镜子——〈呐喊〉〈彷徨〉综论》（北京师范大学出版社1986年8月初版）

3.《先驱者的形象——论鲁迅及其他中国现代作家》（浙江文艺出版社1987年3月版）

4.《鲁迅纵横观》（浙江文艺出版社1988年5月版，译著，与吴三元合译）

5.《历史的沉思——鲁迅与中国现代文学论》（陕西人民教育出版社1996年9月版）

6.《中国鲁迅研究的历史与现状》（浙江人民出版社1999年3月版）

7.《中国文化的守夜人——鲁迅》（人民文学出版社2002年3月版）

8.《中国需要鲁迅》（安徽大学出版社2013年6月版）

9.《鲁迅与顾颉刚》（商务印书馆2018年7月版）

（二）中国思想文化与文学发展研究

1.《文化与文艺》（北岳文艺出版社1990年12月版）

2.《灵魂的挣扎：文化的变迁与文学的变迁》（时代文艺出版社1993年6月版）

3.《现代作家新论》（山西教育出版社1998年1月版）

4.《中国的文艺复兴》（广西师范大学出版社2003年4月版）

5.《古老的回声：阅读中国古代文学经典》（四川人民出版社2003年8月初版）

6.《中国现代文化指掌图》（人民文学出版社2004年2月版）

7.《王富仁自选集》（广西师范大学出版社1999年1月版）

8.《王富仁序跋集》（汕头大学出版社2006年4月版）

9.《中国现代历史小说大系》（河北人民出版社1999年1月版，与柳凤九合编）

10.《端木蕻良》（商务印书馆2018年8月版）

（三）新国学研究

《新国学研究》自2005年5月创办至2015年9月共出版了13辑，其中前6辑由人民文学出版社出版，后7辑由中国书店出版社出版。

（四）中学语文教育

1.《语文教学与文学》（广东教育出版社2006年6月版）

2.《解读语文》(福建人民出版社2010年4月版,与钱理群、孙绍振合著)

二、散文随笔集

1.《蝉之声》(北岳文艺出版社1996年11月版)
2.《蝉声与牛声》(四川人民出版社1997年7月版)
3.《说说我自己》(福建教育出版社2000年4月版)
4.《呓语集》(中国文联出版社2000年4月版)

专业术语类

A

爱国者
三·538、569、649

爱国主义
一·15、16、19、20、113、114、177、275，二·12、124、194、三·105、425、437、525、528、529、532、552、573、682、699、929、七·15、130、338

爱国主义精神
一·18、19、20、113、114、174、三·528、529

爱国主义思想
一·16、20、275、三·437

爱国主义题材
三·437、525、527、528、530、532、534、538、542、551、554、555、560、569、571

爱情观（爱情观念）
一·166、三·799、七·429

爱情诗
二·89、283、三·247、339、918、六·41，八·272、285

爱情小说
二·114，三·409、410、411、560、570

B

八股文
一·641，二·119、207、225，三·860，四·64，六·9，七·9、54、242、279、371

巴洛克
三·46

白话文
一·54、108、109、246、247、260、261、264、287、309、310、312、625，二·5、9、16、17、218，三·2、4、5、6、55、82、84、85、108、117、130、131、157、352、353、395、403、405、408、416、441、446、457、561、682、718、733、801、807、813、826、858、863、864、865、867、875、887、894、900、944，四·6、12、16、18、19、20、21、22、23、25、26、32、36、39、40、41、42、43、44、46、47、52、54、56、60、61、62、63、69、71、72、79、80、81、86、87、89、90、91、92、93、

94、五·13、31、33、34、35、36、37、47、54、60、65、147、150、152、153、160、161、162、166、173、178、179、七·86、126、156、334、357、408、409、412、八·62、65、196、220、248

白话文学
三·2、85、424、801、806、四·90、91、92、五·171、七·36

白描
一·587，二·173，三·634

百科全书
一·302

报告文学
二·75，三·373、374、436、八·92

暴露小说
三·464、476、625、795、798

悲观主义
一·40、88、303、361、536、554、555，三·364、375、四·107、108、109，五·41、70、七·114、210、217、274

悲剧冲突
三·217

悲剧结局
三·177、178、226、588、589、590

悲剧美学
三·176、186、199、214、226、228、242，五·7

悲剧意识
三·177、178、179、181、182、183、184、185、187、188、190、192、193、194、195、196、197、199、201、205、206、207、208、211、213、214、226、230、231、233、242、631、747，五·87

悲剧因素
一·64、66，三·772

悲剧作品
一·41、64，三·175、179、181、185、190、200、227、228、230、772

悲喜剧
一·240、579，二·265

背景人物
一·212，三·581、799

被剥削阶级
三·630

被压迫阶级
一·340，三·337、523、六·148，八·270

被压迫民族
一·141，五·159

被压迫民族文学
一·183

本然状态
三·777

本体论
一·257，三·947，五·183、184，六·360，八·6、201

本体研究对象
四·155

本位主义
五·39

本我
一·291，四·155、180

本质论
三·123，六·251、339

本质主义
三·316，四·186、189、191，五·172，六·278，八·149、151、181、184

比较法学
三·10

比较神话学
三·10

比较文化
一·111，三·154，七·257，八·212、213

比较文化学
七·395

比较文学
一·70、71、101、103、559、560，二·63，三·10、11、35、36、37、38、39、40、41、42、43、44、49、50、152、153、154、155，七·409，八·213

比较文学理论
一·559，二·63，三·35、39、40、41、46

比较文学研究
一·70、101、106、111、559、560，三·10、36、37、152、153、154、726，五·175，八·181、209、212、213

比较学者
三·41、43、707

比较研究
一·70、71、72、73、74、100、103、105、155、182、219、344、560，三·11、38、41、42、44、49、152、154、155，七·158、392

比较语言学
一·288、369，五·107

比兴手法
三·765

比喻
一·389、526，二·49、78、116、282，三·285、408，四·5、154，六·339

边塞诗
三·473

编辑学
三·120

编码
一·412、418，三·777，四·10，五·82，六·209，七·276

编目
八·201

编年史
八·196

编年体
三·483

扁平人物
一·564

变动性
一·123，三·41、55、99、438、803，七·142

变态心理学
一·562

变文
三·482

变形描写
一·50

辩证法
一·78、84、103、435、436、437、445、468、545，二·18、270，三·10、20、184、791，六·185、186、187、188、189、190、198，八·21

辩证否定
一·476，三·26

辩证关系
一·92、375，三·937，六·189、268

辩证唯物主义
一·77、78、468、469，六·162、284

辩证唯物主义哲学
一·436，六·187

表达力
六·211

表现功能
七·142

表现空间
三·444

表现手法
一·2、593，三·236、354、357、361、375、507、634、860

表征
一·5、43，三·21，六·263，七·28、90，八·203

别史
四·111

病理学
七·51，八·239、240

剥削阶级
三·581、588

布尔什维克主义
三·636

部族集团文化
七·64、65

C

才学小说
三·61

才子佳人小说
一·375，三·622，八·18

彩陶文化
七·45

插叙
一·366、400、404、407、418

禅悟
三·195

禅学
三·380，四·26，七·74、142、217、250

禅宗
二·152，三·465，七·218

阐释权
一·358，七·276

阐释学
六·218，八·201、202

长篇报告文学
八·92

长篇历史小说
三·520、542、543、545、546、551、554、556、572，八·129

长篇小说
一·155、185、190、191、220、221、229、241，二·40、41、75、145，三·13、26、79、124、162、221、222、229、238、247、287、363、375、439、443、444、446、456、459、464、543、545、546、550、551、572、624、642、643、647、697、700、764、811，七·411、422、439，八·90、92、93、94、95

长篇叙事诗
三·762、763、764、765、767、768、866

长诗
三·195、768、828

场面描写
三·113、638

场域理论
八·167、168、169

唱腔
三·442，七·414，八·127

超现实
二·135，三·901，七·75

超越性精神
七·429

城邦国家
一·121、143、144，七·162、301

城邦社会
七·177

城市小资产阶级
一·22

抽象法
七·221

抽象概念
一·554，三·845，五·72，七·270

抽象观念
三·412，五·168

抽象思维
一·440、444，七·269、270

抽象形式
一·118，三·410、887，七·29、378

出版自由
四·76

出世主义
一·467，六·291

初刊稿
八·199

处女作
三·113、780

传播学
三·117、120、121，六·371，八·191、201、202、239

传奇
三·451、459、461、470、558、625、647

传奇小说
三·61

传说
一·249、251、252、253、254、271、297、299、305、338、393、394、402、594，三·186、224、268、292、533、564、567、571、637，四·120，五·67，六·14、19、62、115、233、236、239、243、333，七·181、294、299、300，八·101

传统价值
一·180，三·401，八·213

传统剧目
七·420

传统社会
一·178、360，二·57，三·439、454、720、796，七·428，八·150

传统审美观念
三·825

传统文献学
八·29、200、201

传统戏剧
七·414、432

传统戏曲
三·321、770、771、868，八·249

传统小说
二·103，三·362，八·16

创世神话
三·138

创造精神
一·454，二·102、181，三·63、503、506、623、919，七·34、244、246、414

创造性活动
二·182，三·96、431、490

创造性思维
六·185

创造主体
二·176

创作方法
一·29、31、45、46、51、106、233、240、241、466、476、580、582、588、592、601，三·56、78、79、199、245、314、315、349、350、351、360、361、366、368、372、374、375、381、383、384、392、423、623、731、747、756、919，七·37、38、120，八·78、281

创作方向
一·231、580，二·149、151，三·65

创作过程
一·185、232、233、371、374、382、388，二·180、278，三·95、618、928，六·342，八·277

创作经验
一·6，三·27、34、310、575、746，四·130

创作理论（创作论）
三·610、731，七·420

创作模式
三·545、546、550、551

创作倾向
三·65、350、371、374、375、456、467、554、567、746、935，七·92、118、119、120

创作实践
一·388，三·324、371、447、498、728、729、746，七·39

创作思想
一·233，三·124、619

创作素材
三·561

创作心态
三·278、699，四·171

创作要求
三·524

创作意识
三·131、752

创作主体
一·432、601，三·353、371，四·171，六·253

纯文学
三·24

纯学术研究
一·530

词典
一·329，四·59，七·177，八·71、234

词义
二·281，三·948

词源学
二·153

辞书
七·379，八·29

次要矛盾
三·773

从属关系
一·444

丛书
一·637，二·64、65，三·663，四·85、136、139、199，八·8、29、199

存在论
六·266、295、297、309、329、331、332、345、352、366

存在主义
一·291，三·358，四·170，八·82、83、84

存在主义美学
八·82

存在主义文学
三·358，八·82

存在主义哲学
一·550，三·358，四·80、86，六·295、366，八·82、217

D

大乘
五·29，七·74、217、218、250

大陆国家
三·888，七·45

大陆气候
七·45

大陆文化
三·665，四·187、188、189、190，五·177，七·128，八·181

大同社会
六·56，七·324、325、326、327、332、446

大同世界
三·935，七·325、327、328、331、333

大众化
三·21、863、864、865

大众文学
一·354

单面化
三·767

单数
一·288

单向性
三·77

单行本
八·199

单音节
三·441

当代国际政治
四·191

当代文学研究
三·40、52、126、663, 四·178

当代小说
三·239

当代性
四·176、177、178、180、181、182、191

当代中国文化
一·359、625, 七·363、445、446

当代作家
一·104、499, 三·126、318, 八·129

导论
三·98

导演制
七·419

倒叙
一·366、400、404、405、406、407、418

道德本质
七·138

道德标准
一·146, 三·191、201、630, 五·58, 六·65、72、226, 七·295、301, 八·57

道德范畴
七·138

道德腐败
七·144

道德感
一·107、108、156、160、162, 二·186, 六·16, 七·138、237

道德关系
一·146, 七·174

道德观（道德观念）
一·37、63、87、107、146、147、148、149、150、151、152、170、226、291、466、470、475、563, 二·14, 三·190、218、410、500、539、580、920, 五·9, 六·41、43、45、65、255、360、367、368, 七·83、85、304

道德规范（道德规则）
一·148、149、162、171, 二·118,

三·216、410、650、691，五·65、
七·149、165、304、443

道德价值
一·474、475，三·211

道德剧
二·159

道德伦理
一·33、371、552，二·162，七·3

道德体系
一·33、462、475、561，四·20，五·
3、138，六·330，七·143、168、244、
245、327

道德学说
一·146、147、150、151、152、311、
610，二·46、99，五·1、57、58、79、
151，六·43、128、350，七·83、84、
85、86、96、119、138、165、168、
245、259、302、328、329、367、368、
374、375、376、381、382、387、390、
391、393

道德主义
三·73、74，七·299

道教文化
一·453，二·71，三·195、196、202、
502、534、744，四·3、66，六·160、
167、169、203、265、360、371，七·
73、74、75、84、133、142、143、144、
151、189、223、224、225、226、227、
230、231、253、254、255、305、406、
407，八·90、114

道学
一·169、399，二·180，三·824，
五·71，六·49，八·123、177、284

德国文学
一·5，三·37

德国哲学
七·120

等级关系
一·626，二·129，三·275、790、
四·51，六·38、136、143、160、192、
七·52、79、83、91、134、149、199、
346、347、376、437，八·120、165

等级观念
一·33、43、180，六·8、39、122、
123，七·296，八·151

等级结构
六·101，七·169，八·46

等级社会
七·171

等级意识
二·195，七·93、358

等级制（等级制度）
一·148、467，三·193、212，六·
346，七·52，八·42

等级秩序
一·338，六·136，八·42

等价交换
三·792，七·314

敌我矛盾

三·773

底层社会

一·331、337、357，二·140，三·321、569、633、637、701，四·72，六·356、359，七·269、310，八·43、50、77、107、108、109、118、144、158

地方文化

三·463，八·105

地理环境

七·71、72，八·97

地理决定论

七·71

地域文化

三·714，七·65、67、125、266、267，八·246

地域文学

三·714，八·28、246

地域性

一·118，三·698、805

地质学

一·456，五·66，七·401，八·239

地主阶级

一·32、34、37、52、55、56、57、58、59、60、130、139、405、575、577、578、597，三·439、532、720、759、773，六·372，七·56、59

帝国

一·19、20、25、127、184、186、187、191、216、217、221、225、227、232、237、278、293、346、447、469，二·17、87、119，三·19、30、436、469、504、525、547、579、599、676、685、819，五·3、7、89、127、151、164，六·203、204、347，七·6、10、12、125、145、178、179、180、222、225、226、227、229、341、368、370、374、378、381、446，八·46、58、59、85、97、124、125、175

帝国主义国家

五·151，七·378

第三人称

一·241、375、376、377、378、379、380、383、385、388、418、582，三·187、189、394、449、452、483、624，六·343

第三种文化

三·734，七·16

第一人称

一·49、240、375、379、380、383、384、385、386、388、418、583、596、597、618，二·40，三·187、394、449、452、624、795，六·343，八·262

典型环境

一·11、61、597，二·160

典型人物

一·11、48、56、61、214、594，二·160、168，三·246、536、576、765、774

电视文化
七·271、272

电影镜头
三·462

电影剧本
七·419，八·95、132

电影史
七·428

电影文化
七·437

电影艺术
二·163，七·429、430、431、433、438、442、451

定型化
一·586，三·767

东北文化
三·698、701、703

东北文学
三·703

东方文化
一·136、137、140、141，三·475、五·7，八·137

东方学
五·66

东方主义
四·190

动荡期
四·189

动机论
五·110

动力机制
七·35、326、327、329、333

动力系统
一·465、471、473，七·327、328、330、331、332

动力因素
一·331，三·783

动名词
六·370

动物学
四·83，六·237，八·236、239、240

斗争哲学
六·372

都市文学
八·94

独裁
一·394，三·198，六·99、106、111、113、128、206，七·235、374

独断论
六·10

独断主义
三·316，六·304

短篇历史小说
一·183，三·520、543、551、555、556、558，七·239

短篇小说
一·4、15、24、67、72、155、159、192、204、220、223、229、230、241、242、322、581、582、583、585，二·40、41、45、114，三·22、25、26、32、224、229、234、344、375、443、444、446、447、448、455、456、457、459、460、464、465、467、468、469、470、471、472、474、475、476、477、478、543、567、624、644、697、724、776、780、781、783、785、793、800、811，四·92，五·81，七·237、434、444、448，八·10、132

短篇小说集
一·155、183，二·64、75、113，三·22、457、561

短诗
三·32、763

断代史
八·199

对称
三·817、897、898

对称美
三·897

对称形式
三·898

对等关系
七·372

对话关系
三·671，五·97，六·73、77，七·276、359、362

对话者
七·276，八·211

对立统一
一·122、152、375、377、398、437、493、535，三·40、142、149、386，六·186、188、195、198、300，七·11、157

对立原则
三·747

对偶
一·584，三·817、948，六·188

对象化
二·269，三·341，六·320、342，八·13、14、182、183、184

多边主义
七·285

E

俄国形式主义
一·564

俄罗斯文学
一·1、5、6、19、427、643、644，四·205，八·140、145、225、243

俄苏文学
一·108、109、110

儿歌
一·503，二·67

儿童教育学
八·174

儿童文学
二·45、64，八·177

二重人格
一·460、461、562，六·225

二重性
一·389、569，三·406、681，八·105

二度创造
八·235

二律背反
八·74

二元对立关系
五·79

二元对立思维
三·172、174，五·171

F

发达国家
一·116，五·167，七·24，八·144

发达资本主义国家
一·141、262、311、344，三·81、577、779，四·104、188、189、191、五·153、159、160，七·9、19、289、290，八·209、216

发达资本主义社会
八·81

发生学
一·554、617，三·255、947，七·239、338、340，八·146、149、201

发展权
三·779

法典
四·111，七·29

法国文化
四·46，七·261

法国文学
一·15，三·320

法国象征主义
三·58、857

法家思想
七·137

法西斯
三·437、473

法西斯主义
八·50

翻案文学
三·297，四·167、168、171

反潮流
一·485，三·76、212，四·121

反传统主义
一·113,三·389

反动势力
一·81、569、576,二·261

反对党
五·162

反讽
三·95、366

反革命
一·79、184、185、215、349、352、479、524,二·31、69、74、77、79、261,三·5、68、111、123、129、394、411、841,四·7、137、150、159、161、205,五·91、94、97、100、103,七·153、194、195、245,八·21、22、159、162、247、286

反革命分子
三·662

反经验性
一·475

反科学
一·131、132、135、469,三·195,六·177

反科学主义
七·285

反面人物
三·531、533、572、578、584、595

反叛心理
三·670

反批评
一·434

反社会性
一·475

反映论
一·443、639

反语
一·615,三·949

反语式
一·618

反主流文化
三·665、670

反作用力
三·88、672、915

泛神论
三·904、905、909、913、914、915、916、917、918,七·202,八·104

方志
四·111

非法占有
一·321

非客观性
一·475

非理性
一·51、552、554、615、616、617,三·266、465、540,四·19、171,六·116、357,七·142,八·48、82、283

非逻辑性
一·527，七·204

非马克思主义
一·423、451，三·69，五·92、93

非现实性
一·617

非正义战争
三·750

非主流
二·95，三·557、671，八·144

非主流文化
三·667、668、669、670、671、672、673、676、755，七·285

非主流意识形态
八·142

费尔巴哈哲学
一·513

分封制
一·626，六·19、20、116、117、123、149、152、157、191，七·134、179、196、222

封闭社会
七·234

封建道德
一·33、88、90、160、164、169、175、215、612，二·189，三·570、579、581、587、588、611

封建等级
一·34、35、43、63，二·187，四·105，六·122，七·21、73、84

封建等级制度（封建等级制）
一·7、90、91、122、150、439、461，三·19、125、522、578，六·38、122，七·73

封建地主阶级
一·32、35、49、57、222、579、597、598，三·579、580

封建官僚
一·138，三·526、553、579，四·81，七·368

封建家庭
一·172、595、596、626，二·114，三·579、580、595、731，七·445，八·15

封建家长制
三·577、582、586，七·73

封建君主专制
一·188，七·29、30

封建礼法
二·184、187、188、189，三·917

封建礼教
一·34、43、48、49、209、210、593、595、596、597、613，二·170、171、173，八·11

封建伦理
一·14、592，三·584、586、593

封建伦理道德
一·32、33、34、36、37、38、46、50、51、52、53、54、55、56、57、59、61、64、65、66、595，二·168、169、170，三·23、579、580、581、582、584、585、587、588、589、591、595、611

封建迷信
二·202、204，六·346，七·10

封建思想
一·7、14、32、33、34、35、36、37、38、40、41、42、43、44、45、46、47、48、49、50、51、52、53、55、56、57、59、61、62、64、65、66、69、72、83、85、90、95、96、156、182、183、187、188、189、192、193、198、208、212、214、427、431、432、579、623、625、626，二·9、54，三·15、19、24、26、27、436、579、580、587、588、589、590、592、594、595、730，八·11、161

封建制
一·459，三·589，六·24、116、149、151，七·302

封建制度
一·40、176、551、579、593、595、596，三·30、582、588，五·76，六·19、20，七·300

封建主义
一·5、11、42、51、87、187、216、217、293、438、536、541、580、588，三·24、30、579、589、591、592、730、828，七·60、84、340，八·76、195

封建专制
一·7、18、113、122、133、134、138、139、176、289、439、461、543，三·398、487、489、516、535、578、917、936，四·73、114，五·59，六·40，七·29、30、60、62、71、73、79、83、84、140、286、373、425，八·194

讽刺
一·16、32、48、62、65、66、71、74、106、107、197、240、241、329、486、575、587，二·18、20、22、66、101、123、133、136、137、149、181、195、274、276、277，三·79、323、360、409、411、423、426、464、465、473、476、505、508、517、651、661、797、798、799、824，四·146、204、205，七·240、251，八·66、70

讽刺诗
三·823

讽刺小说
三·61、446、464、465、796、798

讽喻
二·265，三·515

佛家文化
一·641，三·54、222，四·3，五·29、57、61，七·133、143、144、148、207、208、209、210、211、212、213、214、215、216、217、218、219、224、249、250、251、252、253、406、425，八·122、193

佛教文化
一·453，二·236，三·38、194、744，

027

四·66、116、170，五·29、七·50、51、72、73、74、75、84、124、141、142、143、224、226、253、390，八·114、116、122

佛老思想
七·53

佛学
一·261、278，三·698，四·26、110，五·17、19、59、71，六·159，七·54、74、75、142、213、216、218、250、251、253，八·61

否定性评价
二·277

否定之否定规律
一·437

弗洛伊德精神分析学说
一·561、603，三·154、382、463、537、539、540、541、542

符号化
三·149，七·135

符号学
一·412、564

符码
一·412、413、415、416、422，三·933

复古主义思潮
四·127

复合实体
六·199

复合体
一·617，二·163、223、224，三·44，七·382

复数
一·288，三·776、777，八·262

G

改编
一·368、402、405、433，二·116、146、159，三·224、229、445、531、558、771、869，七·431、438、442、444、447、449，八·95、250

改良主义道路
七·79、373

概论
八·28、29

概念化
三·79、277、511、712、731，七·371

干支纪年
三·84

甘地主义
七·121

感觉器官
二·200，三·286，六·173、380，七·211

感伤主义
二·49，三·60、636

感性存在
三·447

感性活动
一·77

感知方式
七·294

港台文化
五·85，七·128

杠杆控制
七·282

高腔
八·127

歌剧
三·439、764、770、771

歌舞剧
三·770、771

革命传统
二·218，三·727，四·190

革命道路
一·20、25、35、188、189、191、200、209、290、354、363，三·433、783、784，五·12，八·11

革命精神
一·5、91、200、284、334、337、346，三·727，四·154、155、162，八·86

革命浪漫主义
一·588、589、590、591、592、593、594、599

革命乐观主义
一·225

革命民主主义
一·14、25、79、108、594、599，二·256，三·24

革命诗歌
三·838、839、844、845、847

革命史诗
三·767

革命题材
三·411、781、782

革命文学
一·183、337、341、342、343、356、363、536，二·13、33，三·4、12、68、98、123、126、129、130、131、132、133、158、159、324、329、431、432、664、686、713、718、724、725、726、727、779、780、781、782、784、790、795、800、837、838、839，四·147、156、160，五·84、159，八·281

革命文艺
三·325、762

革命现实主义
一·536、580、588、590、591、592、593、594、596，三·78

029

革命叙事
三·759

革命哲学
五·79、82

革命政党
一·351、352、356，四·123

革命政权
一·341，三·325、477、759

革命作家
三·12、28、129、329、423、725、729、780、783，七·432，八·135

格律诗
一·258，二·90、99，三·108、109、206、207、353、441、802、806、813、814、816、817、819、826、848、854、855、867、869、875、894、895、914、944、948，七·409、414，八·248、250、275

个人崇拜
三·345，四·77、146、147、149，七·271，八·24、170、171

个人权利
三·396，四·99

个人英雄主义
七·298

个人主义思潮
一·48、75、312

个人主义学说
一·82、466

个人宗教
七·267、268

个体发生学
六·162

个体化
三·201、205，七·334，八·123

个性精神
一·454

个性主义
一·29、41、42、43、44、45、48、51、84、85、86、89、90、91、92、93、94、96、210、433、466、529、536、547、二·135、266，三·19、60、64、72、73、75、452、666、914、919、920、921、923，四·165、179，七·247，八·85

根本矛盾
一·405，七·269，八·83

工人阶级
一·34、83、88、191、215、216、228、360、435、442，三·33、433、578、581、587、591、592、596、720、781、782，五·76，六·147，七·57、121、287、288、330、331、432、433、434、437，八·236

工业资本
一·191、221，三·579

公共产业
四·112

公共权力
四·76

公共事业
六·13，七·298

公共意识
六·62

公共语言
三·263

公共知识分子
四·94

公共秩序
三·263

公理
一·491，二·204，三·668、669，四·77、78、116、171、177，五·72，六·352，七·102

公民权利（公民权）
三·76，五·158，六·148，八·152

公民社会
四·97、98、99、100

公益事业
七·137

公众人物
三·302

功利主义
一·467，二·205，三·316，四·63、77、186，五·20、21、78，六·45、46、90、106、160、257、375，七·248、328、330，八·39、52

功能论
八·201

共产主义革命
四·62

共产主义化
六·390

共产主义理想
一·347，三·141，四·171，七·331、332

共产主义世界观
一·34

共性与个性
一·596，六·304，七·7

共振现象
三·901

孤岛文学
八·28

古代白话文
三·2、863，四·92

古代汉语
五·152

古代伦理
一·153、467

古代社会
一·121、124、132、134、275、280、289、330、345、413、460、494、495、626，二·97、215、216、237、250，三·107、111、137、138、143、333、398、410、413、428、429、436、528、540、566、671、803、805、871，四·4、28、97、99，五·19、23、133、138、141，六·71、119、349，七·52、87、119、132、133、152、202、224、231、240、251、252、253、267、286、352、366、374、380、393、405、408、412、413、414、415、417、418、423、425、432、451，八·147、150、151、252、266

古代神话
三·193、301、352、567

古代诗歌
三·442、910、922

古代诗论
三·901

古代诗文
一·399，三·130、510、806、812、864，七·408、409、410、415、423、424

古代史
二·86，五·70

古代文化
一·110、115、119、122、137、151、153、571，二·86，三·31、61、172、405，四·3，五·10，七·45、46、100、132、259，八·151、152

古代文学史
三·107、114、762

古代戏剧
二·103，七·425

古代小说
一·402，三·451、567，七·411

古典传统
一·585，三·441

古典精神
二·101

古典诗词
二·20，三·718、894、939

古典诗歌
三·847、888、890，六·317

古典数学
六·282

古典文学研究
三·51，八·242

古典小说
一·13、584、586、594

古典主义文学
一·7，三·351、383、389、393、439

古典主义艺术
一·242

古罗马文化
七·261

古生物学
四·182

古诗
一·109，二·67，三·817、931，八·242

古诗词
三·362、898

古文家
一·282、283，五·67，七·403

古希腊悲剧
三·28、176、179、180、181、182、187、200、207、214、237、492

古希腊罗马神话
三·480

古希腊罗马文化
一·454，三·194，七·160、380、406

古希腊美学
三·175

古希腊神话
三·240、262、491，六·334，八·55

古希腊时代
三·200，四·169，七·340，八·111、152

古希腊文化
一·141、144、153，三·491，七·162、261

古希腊文学
三·175、204

古希腊戏剧
三·175、204、240、262、317、491，六·334，七·41、412，八·55、257

古音
一·286

古音学
一·286

故事情节
一·63、64，二·280，三·181、411、546

雇佣劳动
一·440、442、444，三·246

关门主义
一·355、356

关内文化
三·639、640、641、642、652、653、655、656、657、658、659、660、661、674、677、697、698、702、703

关系论
六·48

关系模式
一·556，三·327，六·19、189，七·166、168、228，八·153

观念世界
二·148

观念性
一·250、六·169、178、283、329

官僚买办资本
一·239

官僚文化
六·231，七·216、217

官僚政治
三·219，七·235、386，八·46

官僚资本
一·216、227，七·369、370

官僚资产阶级
一·215

归纳法
三·285，四·87，六·251

闺怨诗
八·18

诡辩论
六·185、186

诡辩术
一·83

贵族化
三·700

贵族家庭
三·454、624、628、631、632、634、637、639、642、645、701，八·108

贵族阶级
二·145，三·117、200、216、417、418、419、420、456、578、624、626、649，四·28、29，六·21，七·208、213、219，八·75、76、77

贵族文化
三·192，七·208、213、428

贵族政治
三·720，七·208，八·105

国粹
一·116、132、243、244、247、248，三·18、85、350，四·118，五·16、17、52、152、161，七·336、343、415、420、432、448

国粹主义
三·846，七·388、390、391、395、396、397、398、400、401、402、411、415、421、427

国防文学
一·354、355、356

国故学
一·243、244、245、246、247、248、256，五·52、53、152

国画艺术
七·379、423、424、425、426

国际政治
七·128

国际主义
一·114

国家公共事务
四·76，六·115

国家功利主义
八·175、176

国家机器
三·313，七·80、287、301，八·229

国家结构
六·124、148、149

国家权力
一·343、360、394、569，三·119、120、125、321、334、534，四·74、75、76，六·95、114、115、116、117、128、133、138、148、150、151，七·286、296、297、298、299、300、304、347，八·109、130、134、182、267

国家学说
一·360，五·7、57，六·128、144、147、148、152、158、203、205、348，七·297，八·74

国家政权
一·6、270、271、272、274、276、277、284、298、341、343、345、347、348、349、353、358、359、360、568，二·117，三·325、396、522、534、676、677、682、684，四·1、51、76、81、83、154、155、161、189，五·61、92、94、97、153、154，六·19、80、115、117、127、195、299、321，七·57、58、59、61、242、267、268、296、

300、338、343，八·41、42、83、85、86、114、115、116、129、144、229

国家职能
五·96，六·128

国家秩序
八·42

国家主流意识形态
四·142、156，五·87，八·112、116、141

国界
三·39、46、941，五·172、184，七·353、380

国民参政会
二·268

国民经济
三·740，六·203，七·58、62、369

国民文学
二·4

国民性思想
三·560

国情
一·262，三·22、52、820，四·113，七·340，八·133

国统区
三·31、330、468、469、755、756、757、769、770、771，五·94、155

035

国学
一·244、259、261，二·235、244、245，三·172，四·57、85、86、93、119、131、132、141，五·1、11、12、13、16、17、27、29、52、53、60、64、73、75、80、85、87、88、105、112、113、114、115、116、117、118、119、120、122、124、125、130、139、140、150、151、152、160、161、165、166、167、168、169、170、171，六·37、218、237、354、376，七·69、180、264、403，八·59、60、62、65、96、122、193、196

国学热
四·89、90、190，五·112、113

国族意识
五·173、175、176、178、179、180、184

过去时态
六·343

H

海德格尔哲学
八·55

海派文化
三·720、723

海派文学
三·713、722、723、724、725、726

海外华文文学
三·300、867，五·171、173、176、177、183、184、185，八·248

海湾文化
三·720、722

汉代文学
八·56

汉化
一·274，二·118

汉唐
三·211、334、482、941，八·267

汉文化
二·46，三·788，五·167、170，七·65、66、67、70、71、124

汉文化圈
一·130，三·467、788，七·65、70

汉学
一·98、100、229、273、286，三·68、69、70、71、73、74、80、81、82，五·124、159、160，七·129、284，八·68

汉学研究
一·100，五·159

汉语诗歌
三·849

汉语文学
五·171、173、179、180

汉语新文学
五·169、171、172、173、174、175、176、178、179、180、183、184、185

颔联
二·265

好莱坞电影
七·429，八·230

好人政治
四·74

好政府主义
三·313

合法化
三·173、790，六·120、137，七·330

合法权利
一·326、327、330、331、337、345、357、358、359、361、362，二·105、216、218，三·190、328、530，四·7、99，五·97，六·320，七·244、287

合法权益
二·56、249，四·97，八·84

合集
二·63，八·199

和平主义
三·683，七·140、195、196、197、198、199、200、201、205、206、207、247、284

河流文化
三·714、716、717、718

核心期刊
三·873，八·254

黑洞
一·414、563，二·143，三·355

黑格尔哲学
一·513，四·86

黑格尔主义
一·435、436

黑幕小说
三·63、86

黑人文化
七·288

恒定性
三·803、895、899、905

横断面
一·64、225、564、582、583，三·599、603，七·376，八·73

红学
二·77、82

宏观世界
六·180

宏观研究
三·9、10

洪水期
一·441

后现代
三·350，四·176，五·164，八·94、142

后现代化
四·165

后现代性
五·163、165，八·94

后现代主义
一·492，三·60、61、64、105、118、350、361，四·110，五·30、163，六·317，七·119、280，八·25、281

后现代主义诗学
三·871，八·252

后现代主义文化
三·798

后现代主义文学
三·61、123、350、355

后殖民主义
五·166，八·228

后殖民主义批评
七·284

互助论
八·83、84

华人文化
四·125，五·167

华人文学
五·167、182

华文文学
五·171、172、180、181、182、183、184

话本
三·482、877，四·59

话本小说
三·61

话剧
三·22、25、28、234、442、443、770、771、774、775、869，七·388、401、413、414、415、418、419、420、444，八·250

话剧电影
七·420

话剧艺术
三·117、442

话语霸权
三·270、338、339、732、733，六·79、80、212，七·241、251、252、253、277、278、279、282、283、284、285、286、288、354，八·32、69、271

话语空间
六·73

话语权
二·188，三·59、172、173、263、275、422，四·56、141，六·79，七·130、252、346，八·144

怀疑精神
三·206、870，五·68、157，八·251

环境描写
一·61、403，二·262，三·549

缓冲地带
一·467、468

幻象
一·178、409、421，三·327、390、514、541、565、四·32、210、六·162、七·111、270、271、272、350、351、377、378、379、388、389、390、392、394、396、397、398、407、421、422、八·233、234

换喻
一·391、418

换韵
三·867，八·248

荒诞主义
三·358

皇权政治
二·245、三·204、212、四·14、五·89、七·168、215

黄金分割
二·81，六·282

回忆录
一·520、521，八·28、29

汇编
八·67、200

会刊
八·200

会意字
六·11

绘画艺术
七·423、425

婚姻自由
二·7，三·454、779，六·352，七·345

J

机械唯物论
一·469、475

机械唯物主义
一·469，六·162、179、180

积极浪漫主义
一·4、11、589

基本生存权
一·41，三·650，六·200，七·310

基本意识
三·857

基本原理
一·31、95，四·23，八·162

基本主题
一·14、18、592，二·163、三·143、376

基调
一·202、407、432、592、二·63、164、196、197、238、三·471、767、768、八·2

基督教神学
二·114、三·944、七·26、284、287、

039

八·49

基督教文化
一·313，二·123，三·54、501、878、934，七·141、203、214、429、432、434，八·176

基督教信仰
八·175

基尔特社会主义
四·74

基因
三·342、837

激进主义
三·260、323、667、727、872，四·188，五·48，六·349，七·433，八·68、69、70、71、75、86、253、281

极端个人主义
一·466、473、475

集会结社自由
七·345

集权主义
四·99

集体利益
二·118，八·42

集体所有制
八·262

集体意志
二·234，三·721，四·23，五·164，八·42、43、44、261、262

集体主义
一·529、536，二·40、266，三·60、721、785、839，五·82，七·299，八·155、262、264

几何学
一·146，四·169

计划生育
七·272

计划生育政策
七·272、273、274

纪传体
三·483

技术革命
一·131

技术论
六·379

技术主义
三·282，五·3，八·69

季刊
三·23、508

继承权
三·191

家国同构
一·626，六·116，七·170，八·146、147、150、151、152、155、156、157

家庭出身
三·588，六·372

家庭工业
一·121

家庭关系
一·561，三·142、246、577、578、588、690，六·25、41、151，七·134、173、436

家庭观念
一·171，七·166

家庭环境
三·878，六·149

家庭伦理
一·626，三·577、578、580，六·24、25，七·412，八·152

家长制度
七·73

家族制度
一·34、295、592、610，二·216，三·54、137、138、503，五·56，七·134、135、143、147、215、343、346

假道学
一·169、172、469，二·180、221，三·694

价值等级
三·3、4、38、39、563，六·352，八·209

价值观念体系
三·83、334、335、356、708、720，四·190，六·242、255、259、330，七·65、89、339，八·112、128、149、267、268

价值量
一·215，七·5

价值论
三·707、709，六·341、389

价值判断
一·37、131、213、369、406、535、556，二·81，三·61、89、107、166、401、753，四·21、161，六·170、212、244、363，七·4、5、9、13、15、17、18、19、21、65、66、67、68、97、249、299，八·194

价值取向
一·452，三·89

价值原则
一·81、197，三·779、780，六·321，七·321

价值中立
二·276，三·256，八·240

坚白论
六·303

兼爱说
六·28、90

间接知识
六·102、238、241

041

建筑学
一·400，二·112，六·347，七·221、八·239

鉴赏能力
三·313

讲唱文学
三·482

讲史小说
三·61，四·92

交换价值
一·441、445，三·246，七·3，八·21

交际语言
四·209

校勘学
一·279，五·10

教条化
三·839

教条主义
一·214、445，三·730，五·51、75

教学方法
六·57，八·174

教学观念
一·502、508

教学目标
六·3

教学内容
二·280，六·3，七·48，八·174、194

教学任务
一·505、510

教义
二·156，三·920，四·37，七·73、74

教育体制
二·209、210、211，四·97、100，五·48、49、50、112，七·285、385，八·174、175、176

教育心理学
三·294

阶层意识
六·372

阶级差别
七·287

阶级斗争学说
一·641，三·261、489、521、540，五·75，六·2、118，八·281

阶级对立
一·54，三·433、582、590

阶级分化
三·263

阶级观点（阶级观念）
一·92、118、186，三·593、779

阶级立场
三·592、595、655，六·70

阶级利益
一·86，三·595，六·70、118、124、152，七·287

阶级论
一·89、514、536、二·24、79、266，三·795、四·150、184、六·18、七·194、195

阶级矛盾
一·360，二·79、81，三·323、581、631、782，七·326

阶级实践
三·595

阶级属性
一·55，六·2、161

阶级意识
一·340，三·323、683、779

阶梯诗
三·378、849

接受美学
一·564，三·424，八·201、202

接受心理
三·474

接受主体
一·247、531，二·260

结构体
一·543，三·733、884，四·98、100、153，七·156、158、199、349，八·112

结构艺术
一·221、586，三·597

结构主义
一·365、367、492、564，七·362，八·25

解放区
三·31、32、129、133、329、439、468、469、476、477、723、724、762、763、764、765、767、768、769、770、772、773、774、865、866，五·93、94、95、155，七·40、439，八·88、126、141、159、243、244

解放区诗歌
三·866

解放区文学
三·31、329、438、439、664、724，五·95，七·43，八·143、244、245、281

解放区文艺
三·32、34、728、736、762、770、771，八·127

解放区戏剧
三·769、770、771、772、773、775

解构主义
一·492、564，七·284、362，八·25

解码

一·412、415、418、422，七·276

解剖学

六·370，七·51

解释学

五·71

今文家

四·120，五·67，七·403

金融资本

一·221，三·629

进化关系

五·183

进化论思想

一·36、39、51、70、472，二·266，三·487，四·204，七·93

近代化

一·457，七·429

近代史

一·576

近代数学

八·175

近代思想家

一·462，七·156

近代文化

六·355，七·25、33、40、88、344、381、382、395，八·68、75、77

近代哲学

一·338，五·72，七·28、29、31

近现代文学

三·154，七·42

近现代哲学

四·85、86，六·111、269

禁书

五·154

禁欲主义

一·7、33、51、52、64、72、151、163、164，二·179、180、181、182，三·402、589

京剧

三·770，四·127，七·379、387、388、398、401、411、412、413、414、415、418、419、420、421、422、423、425、426、432、451，八·127

京味小说

三·463、464

经济成分

三·24，七·58、369

经济发展战略

七·369、370

经济革命

一·131、333

经济共同体

五·175

经济基础
一·123、125、449，二·190，三·488、489、648，五·75、76，七·7、8、52、179、342，八·21、96

经济建设
四·185、187，七·347，八·170

经济结构
一·543，三·457，七·55、364

经济决定论
一·227

经济命脉
三·119，八·77

经济平均主义
一·226，七·248

经济侵略
一·221、227、232

经济权益
三·426

经济实体
六·196

经济特权
六·355

经济体制
三·347、438、549、866，五·48，七·11、57、334

经济危机
一·221，七·104、108、117、123

经济效益
三·86、118

经济形态
一·7、121、122、215、216、439，三·485，四·159，七·49、50、51、59

经济学说
四·96，七·117

经济制度
三·426、486、579，七·5，八·79、83

经济组织
一·123

经验论
一·468、469、475

精神分裂症
一·601

精神分析
一·564，三·539、723

精神分析学
一·560、561、602、603，三·365、377、537、541，五·42、70，七·42、399

精神教化
七·268

精神结构
一·367、550、551、552、556、557、558、563，三·206、539、811、935、

936、939、六·104、218、240、七·253、八·31、33、35

精神论
六·379

精神启蒙
一·605

精神人格
一·293、三·570、七·405

精神生产
一·543、三·14、24、33

精神胜利法
一·12、52、455、七·238、431

精神实体
一·550、三·383

精神史
一·433、三·505、544

精神素质
一·119、194、199、200、201、226、294、三·408、745、851、五·56、六·13、16、83、84、90、122、七·234

精神危机
三·372、四·162、七·268、282、283

精神现象学
一·367、七·249、八·161

精神信仰
三·712、七·75、249、251、267、268、八·174、175、177

精神哲学
六·377

精神自由
一·496、三·685、917、五·61、六·84、184、245、254、255、256、257、258、259、260、263、264、265、266、270、271、278、284、317、319、333、343、344、351、358、七·34、40、42、345、八·82、83、84、86、279

精英意识
六·145、158、七·356

精英知识分子
一·291、570、571、三·224、226、四·28、29、71、74、75、77、78、186、189、190、六·113、145、231、232、233、234、235、236、237、238、239、240、245、246、282、288、316、七·286、287、288、289、345、347、433、437、446、八·25、26、49、50、51、87、94、139、144、222

景物描写
一·63、204、二·200、三·644、651、786

竞争意识
三·683

境界说
三·914、六·257

静态空间
三·905

静态平衡
一·134、508

静态社会
三·722

旧民主主义
一·35、157、594、595，七·80

旧社会
一·25、88、96、372、373，三·796

旧石器文化
七·45

旧体诗
一·580

旧体诗词
二·20，三·85、864

旧唯物主义
一·79、80

句式
一·67、288、410，二·197、273、三·814、837、879、895、898，六·312、326

剧本
一·82，二·40、116，三·162、199、235、442、443、580、581、584、587、588、593、605、610、615、618，七·413、418、419、420、434，八·95

剧目
三·764、771、772，七·419、420

剧种
八·127

绝对价值
七·263

绝对理念
六·110

绝对平均主义
七·141、147、151

绝对时空
七·213

绝对主义
三·421，六·304

绝对自由
三·212、557，六·258、268、270、332、333，八·83、84

绝句
三·48、903

军阀统治
二·256、257

军国主义
七·260

军事工业
七·31、78、369

军事侵略
三·649、650、675、685、686、695，五·8、89，六·321、347，七·161、227，八·85、175

047

军事文化
一·452，七·78

军事学
一·121、144，六·347，七·177、178、387

君主立宪
一·308，七·79

君主立宪制
一·262、263、289、290、309、311，六·348，七·385、386

君主专制
一·7、308，三·148，六·113，七·52、84、150、167、202、214、215、228、231、232

郡县制
一·626，六·149，七·179、302

K

开放主义
七·384

康德哲学
四·86，五·138

抗日救国
三·798

抗战文学
三·800，八·28

考古学
二·24，五·10、66、107、108，八·239

考证学
一·297，四·131，六·219

科幻小说
三·292

科举
一·244、293、418、438、508，二·7、98、99、207、209、217、237，三·64、203、335、556、812、831，四·66、67、120，五·9、11、19、23、32、141，六·348，七·9、127、231、233、285、343、371、385，八·51、118、147、174、268

科学精神
三·12，七·29、47、85、247

科学救国
一·3，五·90

科学社会主义理论
四·72

科学社会主义学说
七·329、332

科学思维
三·269，五·40，七·204、225

科学体系
七·269

科学意识
一·612、613，三·249，七·83、87

科学语言
三·256

科学原理

七·276

可知论

六·162

克里斯玛

五·72

客观存在

一·51、101、102、104、105、239、252、254、255、308、597，二·271，三·40、114、131、227、769，四·110、133、166、169、六·32、七·21，八·15

客观对象

一·250、266，三·249、287、396、512、889、892、900、940，四·60，六·380，八·171

客观规律

一·344，三·15、324、420，六·191、231、263、275、377、378

客观环境

三·23、615、910、930、五·86

客观世界

一·443、528、608，二·93、94、96，三·355、480、629、745，六·263、377、七·35、181、182、183、184

客观唯心主义

一·469，三·944，四·110，六·109、162、180

客观性

一·49、237、240、250、252、379、475、550、556、586，二·40，三·36、37、43、276、280、361、456、731，四·60、110，六·7、377，七·117，八·191

客观主义

三·316、746，八·171

客体

一·77、230、231、237、240、309、443、444、548、556，三·42、286、352、353、556、910、911、912、913、915、916、918，四·13、170、171，六·163、164、168、170、172、181、182、184、187、188、189、190、208、209、342、377、378、380，七·12、185、186、250

课堂语言

一·509

空泛化

三·731

空间观

六·184

空间结构

四·21，六·209

空间位置

四·20，八·52

空想社会主义

三·141、193，七·329、331

孔孟儒学
三·212

孔孟之道
一·277、279、306、307、309、311，三·514、869，四·50、116、117，六·64、68、123，八·119、250

孔子思想
一·72、262、263、306、317、573，四·11、13、14、26、49、50、59、61、66，五·57，六·1、2、7、17、18、21、22、23、27、30、38、39、40、43、44、49、51、58、64、65、68、69、70、71、74、75、78、82、84、86、88、90、91、92、98、101、102、103、104、107、136、146、150、218、219、224、225、226、227、228、230、234、235、244、245、246、281、302、304、334、360，七·2、154、227、302，八·98、101、107、115

孔子学说
一·148、149，三·390，五·72，七·165、386

恐怖主义
八·87

控制论
一·562

口传文化
六·76

跨学科研究
一·560

扩大再生产
七·59

L

拉丁文
八·176

朗诵诗
二·55

浪漫主义
一·6、19、30、44、46、47、48、49、51、110、240、241、390、392、445、466、468、471、476、535、536、589、591、592、593、594、596、599，二·37、39、40、93、94、98、100、101、156，三·19、30、60、61、63、64、65、105、118、123、199、200、216、247、349、350、351、352、355、359、360、361、362、364、365、366、367、384、388、396、398、399、410、411、418、419、420、424、511、571、634、641、723、731、825、871、900、917、919、944，四·110，五·30、163，六·236、317，七·37、40、92、119、120、264，八·81、153、225、252

浪漫主义诗歌
一·589，二·95，三·48、353、365

浪漫主义文学
一·7、11、46、47、48、471、472、580、584、598，二·39、94，三·61、65、351、360、364、388、745，四·29，八·239

劳动阶级
一・362、420，三・434

劳动力
七・107，八・144

劳动权利
三・789

劳动者
一・26、41、343、362，二・81、87，三・235、434，六・119

老庄哲学
一・116，三・193、860，七・47、64、67、73、74、84，八・61

老子哲学
三・253、254、259，四・14、80、86，五・138，六・63、159、160、161、162、163、164、165、167、168、169、171、173、175、176、178、179、180、183、184、185、186、187、188、189、190、192、203、214、215、218、219、220、221、222、223、224、246、247、250、265、267、288、296、297、304、305、308、333、360、371、372，七・182、184、192、193、194、211、224、225、237、284，八・107、108

乐观主义
一・221、303、528、536、554、555，三・60、229、365、594、747，四・158，七・114、210、274、407

类比
一・102、389，四・131，八・17

礼法制度
二・101

礼乐制度
六・116，七・134、135、171、366

理解力
三・40、146、147、149、327，六・156，八・14

理论话语
一・513、525、530、531、532、537、547，三・59、272，四・135、163，七・290、361

理论界
三・727，七・18

理论科学
七・27、60

理论品格
六・148，七・203

理论取向
三・736

理论思维
一・443，二・81，七・102

理论语言
三・58、106，七・361

理想主义者
一・467，三・939、947

理性标准
一・199，三・509，五・80、83、163

理性色彩
三·693，八·112

理性原则
一·143，三·397，八·81、82

理性主义
一·310，三·466，六·209、340，七·46、47、86

力学
一·249，二·81，七·69、368、380

历史爱情小说
三·554、560、561、564、565、570

历史背景
一·186、428，四·65，七·155、227，八·181、200

历史传说
一·251，三·564、565、567，六·70

历史典籍
一·248，六·70

历史读物
三·486

历史发展观
一·89、203、244

历史分期
三·2，五·76，七·294

历史观（历史观念）
一·243、244、245、246、247、248、250、252、268、280、281、282、297、304、305、314、472、473，二·6、14、81，三·238、239、295、484、485、486、487、488、489、490、491、496、502、523、545、546、548、549、567、568、569、570、571，五·66、69、76、92、104、118，六·37、191，七·153、154、155、158、176、184

历史记忆
一·252，三·566、873，七·229，八·254

历史进化论
一·301，七·164

历史剧
一·399，二·24，三·189、437、438、492、512，七·418

历史决定论
三·747

历史科学
一·426，三·248、249、492

历史空间
八·11

历史理性
一·305

历史连续性
八·42

历史人物
一·125、250、251、252、253、254、258、260、279、283、289、295、296、297、300、302、304、379、388、390、

393、401、402、472、645，二·6、
三·189、221、390、481、482、483、
484、485、488、489、493、507、511、
512、513、514、516、517、533、536、
537、538、539、540、542、543、547、
560、567、569、571、574、575，六·
92、253，七·89、248、292、419、431

历史散文
一·399，三·187

历史事件
一·125、186、258、302、320、472，
三·299、482、483、484、485、488、
493、500、511、513、527、531、539、
545、546、574、575、696、750、769，
五·65，六·191，七·419，八·68、
235

历史素材
三·565、575

历史题材
一·580，三·238、239、240、410、
437、438、474、492、496、499、523、
525、561、564、565、764、771，七·
418、428、450

历史唯物主义
一·96、136、137，三·14、24，六·
284，七·104

历史唯心主义
一·83、89、150，七·104

历史文献
一·246、248、276、314，八·198、
199、201、202

历史小品
三·520

历史小说
一·172、183、242、338、525，三·
221、229、238、358、370、437、479、
480、481、482、483、484、485、486、
487、488、489、490、491、493、494、
495、496、497、498、501、503、504、
505、507、508、509、510、511、512、
513、514、515、516、517、518、519、
520、521、522、523、524、525、527、
528、529、530、531、532、533、534、
535、536、537、538、539、540、541、
542、543、544、545、546、549、551、
552、554、555、556、557、558、560、
561、563、564、565、566、567、568、
569、571、572、573、574、575，七·
240、247

历史写作
一·303、305，三·494

历史性
一·12、304、309、402，三·40、296、
512、544、941，四·56、159、166、
169、177、178、182、六·349、七·2、
94、184、390，八·149

历史演义
三·486

历史演义小说
三·482、483、486

历史哲学
一·305

历史中间物
一·617

历史主义
一·53、85、296、303、545

立法权
七·370

利己主义
三·246、636

连锁反应
一·465，六·50

脸谱艺术
七·414

两极分化
三·347，七·330，八·47、145

两极性
三·605

两条路线
一·76、533，三·784

列宁主义
一·360

领导权
一·20、427，四·124、155、187，七·397

流浪汉小说
八·224

六书
一·285

鲁迅观
一·490、491、524、532、540，四·155，五·160，六·281，八·162

鲁迅精神
一·367、484、489、495、497、550、551、552、574，八·31、34、35

鲁迅诗歌
一·529

鲁迅文学
一·1、624，三·324、328、330，八·168、169、281

鲁迅学
八·27、28、29、30

鲁迅研究
一·1、28、70、71、82、98、100、102、103、108、111、141、335、365、426、427、428、434、440、446、451、477、478、481、482、483、484、486、487、488、489、490、491、499、501、514、515、516、518、519、520、521、522、523、525、527、529、530、531、532、533、534、535、536、537、538、539、540、541、542、544、545、546、547、548、549、550、552、555、556、559、560、561、562、563、564、565、566、580、584、587、620、623、625、628、632、637、642、645，三·67、71、75、152、164、165、725，四·8、136、138、139、140、182、184、194、195、199，五·153、156、158、160、

161、七·153、154、155，八·2、27、28、29、30、31、32、34、142、159、160、161、162、163、165、166、167、169、170、171、206、223、230、244

鲁迅研究史
一·520、555、629、632，三·127，八·28、29、161

鲁迅杂文
一·72、477、478、480、488、525、526、527、547、644，二·8、105、131、222，三·111、127、371、372、373、440、441、811，四·188

鲁迅作品
一·17、100、101、479、481、482、485、486、489、493、498、502、503、504、505、506、507、508、509、510、511、520、523、524、531、534、535、545、546、547、550、555、561、562、564、623、624、630、640、644，二·8、11、31，三·96、324、360、377、748，四·132、134、135、145、146、147、183、199，七·132、153，八·3、28、31、32、55、161、162、171、183、205、206、207、218

伦理观（伦理观念）
一·75、90、467、470、475，三·143、591

伦理规范
一·465

伦理学
一·125、144、145、460、461、467，四·81、82，五·10、110，六·2、25，

七·106

沦陷区文学
三·31、755、756

罗马文化
六·334、354

逻辑范畴
一·84

逻辑关系
二·278，三·778、881，五·72，七·323、378

逻辑结构
一·375，三·316，六·217

逻辑链条
六·306

逻辑思维
一·526、527，五·59，六·50、209，七·281

逻辑体系
三·861，五·120

逻辑学
三·61，五·51、71、113，六·223，七·204、205、207

落后性
一·33、34、65、90、132，三·670、693

M

马克思列宁主义
四·47、123、147、148、157、158、
五·92、96、97、169、178，七·350，
八·214、215、216

马克思主义
一·21、39、72、76、77、82、89、95、
103、113、136、137、159、268、313、
317、343、344、346、347、350、352、
353、360、361、363、423、424、425、
426、430、434、435、436、451、468、
476、513、516、517、528、529、530、
534、536、538、539、542、544、545、
546、547、548、550、564、585、625、
638、641、645，二·13、14、15、24、
26、33、79、80、81、82，三·3、15、
20、26、27、32、58、60、63、64、65、
69、115、133、141、153、154、261、
272、313、323、325、404、431、432、
433、488、489、490、521、523、540、
569、629、648、683、721、723、729、
730、731、733、735、779、795，四·
3、31、47、48、68、72、80、86、124、
125、126、170、178、179、186、190，
五·41、43、44、47、70、73、74、75、
76、77、81、92、93、94、101、103、
104、105、109、138，六·2、105、
118、280、284、294、330、354，七·
14、93、118、121、171、218、284、
286、287、288、330、331、332、380、
399、402、433、438，八·2、4、22、
23、83、84、85、149、162、165、188、
195、212、214、236、261、281

马克思主义辩证法
一·436

马克思主义经典作家
一·434、446、451，三·10，六·294

马克思主义经济学说
三·629

马克思主义理论
一·83、538、539，二·13、14，三·
65、434、629、729，四·215，五·74、
84、93、117，七·287、347，八·4、
149

马克思主义历史学
五·75

马克思主义史学
三·523，五·76、107

马克思主义世界观
一·82，三·729

马克思主义文艺理论
一·313，三·26、325、370，四·145，
五·93

马克思主义文艺思想
三·370，五·94

马克思主义文艺学
三·325，五·101

马克思主义原理
七·342

买办资产阶级
一·222、227，三·579

满族文化
二·117、118

盲目乐观主义
一·40、554

毛泽东思想
一·31、268、361、516、517、530、534、542、544、546、547、548、564、三·326、386、736、四·124、125、153、155、156、157、158、166、168、169、171、178、179、五·77、81、84、90、92、94、95、96、97、101、105、169、178、七·101、332、八·21、23、24、149、165

毛泽东文艺思想
一·357、645，三·86、316、325、732、736、四·8、155、156、158、168、五·93、94、95、155

毛泽东哲学思想
五·70

矛盾的特殊性
二·160

矛盾论
七·109

矛盾统一体
三·591

冒险主义
三·260

美化
一·24、47、234、303、二·156、186、241、三·292、513、529、559、567、759、895、927、936、949、六·190、211、七·151

美学
一·471、549、557、564、642，二·260、三·15、39、86、152、154、175、176、180、181、199、215、216、223、232、242、243、320、711、714、720、721、四·57、109，五·6、7、70、82、101、111、114、六·344、345，七·41、42、259、八·81、82、219、238、283

美学范畴
三·175、180、181、213、216、218

美学风格
一·432，二·195，三·79、191、231

美学观
一·495，二·101、102、103，三·127、229

美学理论
一·559，三·175、176、289、四·108、110、七·41

美学思想
一·530，二·10，三·905，五·70，六·345、七·339、八·55、81

美学特征
三·176、182、185、226、230、720、721、865、866

美学效果
三·617、618

孟子思想
六·68、69、70、74、77、78、88、89、90、91、103、107、118、119、123、127、128、133、144，八·119

民本主义
六·123

民间传说
三·224

民间话语
三·732、806

民间文化
七·221、230、253、254

民间文学
二·64、94，三·15

民间戏剧
一·407，三·224，七·448

民间性
三·804，七·143

民间艺术
三·224

民间宗教
三·534，七·231、267、269

民间组织
七·231、252

民权主义
五·7

民生主义
五·7、90，七·286

民俗文化
三·181

民俗学
二·64，三·311，五·69，七·259、407，八·239

民主改革
三·486，七·341

民主集中制
一·82

民主思想
一·53、263、320，四·75，六·158、350，七·60、61、62、235、342

民主体制
五·96，六·147，七·235、285、340

民主政体
一·122，六·147，七·346

民主制（民主制度）
一·91、122、144、289、309、461，三·936，五·8，六·147、349，七·84、99、286、343、373

民族斗争
三·424、781

民族独立
一·331，三·423、649，七·247

民族分化
四·188

民族感情
三·425，七·129、285

民族个性
一·466，七·15

民族工商业
一·216、217、225、236，七·369、370

民族乐器
七·388

民族平等
七·15

民族气节
三·525、555、566

民族投降主义
三·526

民族文化共同体
七·293、294

民族文化圈
七·288

民族文学
一·1、2、5、15，三·15、18、21、34、35、37、38、39、41、42、45、46、50、114、153、678、755、758，八·142、225、246、252

民族文学研究
八·241

民族戏剧
三·22

民族虚无主义
七·2、248

民族音乐
七·388

民族主义
一·114、290，三·423、469、500、525、527、528、529、684、723、736，五·7、12、33、90，七·83、129、228、229、251、286、394，八·282

民族主义文化
三·684

民族主义文学
一·346、358，三·30、120、423、424、425、438、684、736，八·282

民族资本
七·369

民族资本主义
一·215、216

民族资本主义工商业
一·6、216、226、236，三·15

民族自尊心
五·96，七·12、248

名实论
六·293

摹拟
一·586

模仿文学
八·15

模糊化
三·777

模式化
三·323、七·134

陌生化手法
一·617

陌生化效果
一·607、615、三·373、374

母题
三·137、143

母系家族
三·915

目的论
二·175、176、三·92、六·160

N

拿来主义
四·189

男权
三·333、335、336、779、789、790、791、795、796、797、798、八·119、157、184、229、266、268、269

男权文化
三·789、790、791、795、796、797、八·180、181、229

男权意识
八·183

男权主义
六·317、八·149、150、152、182、183

男性化
三·341、345、471、780、797、八·17

男性社会
三·335、338、348、778、779、788、796、八·18、154、182、185、268、271

男性统治
二·275

男性文学
三·332、337、339、340、346、348、797、八·9、18、155、180、265、270、272

男性意识
三·337、340、341、347、472、八·17、18、156、270

南戏
三·558

内心独白
三·634

内意识
一·605

内在矛盾
一·365、539，三·542，四·135、186，七·80

内在情感
三·142、790、843、930，七·147、168、169

能量交换
七·69

能指
一·390、412，二·223、224、247

尼采主义
一·44

拟人化手法
三·907

拟宋市人小说
三·61

念白
七·414

牛顿力学
二·81，七·69、368、380

牛顿三定律
三·15，七·309

农村题材
二·76，三·771，七·438、439、441、450

农耕文化
八·106

农耕文明
八·97

农民阶级
一·26、32、34、35、55、430、432、536、578，三·456、532、592、720、773，七·56、59、437

农民起义题材
三·489、520、521、522、523、524、530、532、534、538、542、554、555、560、569、571

农民题材
七·439、442

农民意识
三·774

农奴制（农奴制度）
一·7、16、18、19、24

农业国
一·215，七·49

农业经济
一·121、122、131、237、439，二·14、97，三·457、487、720，七·50、52、58、333、436

农业社会
一·215，七·71

农业生产
一·226、237，七·45、56、58、265

农业文明
七·428、435、448

奴隶道德
二·9、10、17，三·19

奴隶阶级
六·147

奴隶社会
一·33，四·170

奴隶制
一·85、122、459，二·12，三·199，
六·152，八·79、123

奴隶主义
二·129、135，四·182

奴性人格
三·682

奴性心理
七·21

奴性意识
一·613，三·745、747、914，七·21

诺贝尔奖
一·481，三·86，六·143，七·355，
八·94

女权主义
一·340，三·332，六·317，七·284，
八·148、149、154、155、158、181、
182、183、184、185、186、228、229、
230、265

女权主义文学
八·94、149、151、180、181

女性解放
一·362，二·57、61，三·346、792、
796、798、800，八·148、149、150、
151、155、157、158

女性诗歌
三·862

女性文化
三·332、333、334、335、470、472、
699、777、787，八·155、265、266、
268

女性文学
三·332、333、337、338、339、340、
342、343、344、346、348、453、466、
467、470、779、780、790、797，八·
9、10、12、13、14、15、16、18、19、
143、149、150、151、152、153、154、
155、156、180、181、184、185、186、
265、266、269、270、272、273

女性小说
三·448、453、466、470、782、783、
786、787、795，六·318

女性主义
三·787、789、790，八·154、155、
158、181、182、183、184、185、186、
228

O

欧几里德几何学
六·103

欧洲哲学
三·916

欧洲中心主义
七·15

P

排他主义
七·397、405

派别斗争
三·784

批判话语
五·156

批判现实主义
一·10、18、53、547、599

批判现实主义文学
一·7、9、52，三·27

批评方法论
三·47

批评实践
三·42、47

批评史
三·40

偏正关系
三·718

偏正结构
二·262

拼音文字
一·286、287、288，二·90

平等论
六·341、346、357

平话
三·482、558

平剧
三·770

平均主义
二·73，六·356，七·60、140、147、332

平面性
六·186，七·262、263

平民文化
三·192、701，七·216

平民意识
三·218、753、830，七·357

平民主义
三·199，四·186

平行比较
三·43

平行研究
一·100、560，三·39、154、155，八·212

评书
三·169、170

朴素性
一·387，三·151、685、六·211、
七·237

普遍人性
三·204、622

普遍真理
二·229，六·311、322、323、八·69

普罗文学
一·17

普适性
三·264、267、272、894、895、899、
七·302、八·107

Q

骑士小说
三·475、八·240

启蒙主义
一·495，三·4、5、6、51、52、315、
417、418、670、四·170、185、五·
41、76、七·29、36、37、38、39、86、
87、90、92、119、255、八·47、76、
77、153

启蒙主义文学
三·52、61，七·37

启蒙主义者
一·495，三·52、418、420、六·350、
七·30、341、八·76、80

弃妇意象
三·836

前文明
三·333、334、335、八·266、267、
268

前意识
三·378、382

潜意识
一·51、57、58、59、189、241、398、
413、603，二·120，三·378、382、
463、541、559、577、784、七·217，
八·112、278

潜意识理论
一·563

强权主义
二·129

强势文化
一·336，三·679，四·184，五·177，
八·64

青春期
一·161、162、190、241，三·65、
131、238、274、367、450、451、565、
796、812

青年文化
三·362，四·6，五·83，七·364

青年文学
三·448、467、八·281

青年文学家
一·343、三·362、381、407、409、
511、557、717

青年作家
一·110、352、353、570,二·48、148、149、150,三·64、71、114、129、238、345、362、370、380、381、410、413、414、448、449、452、473、474、508、509、512、530、533、560、642、646、651、714、814,四·186、五·154,八·33、223、227

青铜文化
七·45

情报学
八·27、29、200、201

情感论
六·103

情节结构
一·63、64、582、584,二·172

情节线
一·396、397、398、399、404,三·181、218、234、581

情节线索
一·397、615、616,三·527、548、571

情境
一·433,二·271,三·364、442、443、494,六·52、216,七·356,八·257

情绪化
一·240、241,二·141,三·207、866、885

趋同心理
三·77

取消主义
七·47

权力化
四·161、162,六·55,七·359,八·120

权力话语
一·418,七·286、354,八·71

权力结构
六·149,七·266

权力文化
六·231,八·109、111

权力意识
二·213,六·19、20、21、22、31、33、38、42、49、51、52、54、60,七·119,八·115

权力意志
一·75,三·337、759,六·99

权力意志论
一·91,四·87

权力原则
七·314、317、322、443,八·107、185

权威性
一·33、262、263、271、311、358、534、535、537、538、541、547、548、549、553、612,三·102、103、159、

270、299、304、307、329、394、403、432、568，四·37、118、163，五·95，六·78、79，七·84、115、161、198、261、298、337、343、389

全球化语境
四·190，五·172

全译本
八·224

犬儒主义
一·88

R

人道主义
一·22、23、26、42、43、44、45、48、51、86、89、90、91、197、198、298、347、390、433、529、536、547、626、645，二·45、128、129、130、131、135，三·11、12、60、64、143、147、148、156、157、375、376、396、400、452、532、533、601、635、639、666、712、782，四·165，五·39、42，六·106、148、356，七·83、91、92、93、135、147、169、199、201、247、250、274、331、335、339，八·234

人格模式
三·693，四·100、141、142，五·11，六·65、207，七·231、297、393，八·116

人口密度
七·274

人口学
七·272

人类本能
四·53、56

人类世界
一·381，三·392、752，六·225

人类思想史
六·335、337，七·309

人类文化史
三·76、776、777，四·184，六·80、198、281、317，八·38、74、75、110、181

人类文化学
六·81

人类学
七·326，八·239

人类哲学
六·179、187

人民内部矛盾
三·773

人民权利
一·394

人民意志
六·147

人权
一·346，三·340、578、735，六·353

人身安全
四·173，六·349，八·71

人身依附
六·11、30、157，八·50、51、52

人身自由
一·23、346、347，三·784

人文环境
二·111，三·362、499

人文价值
四·185、187，七·320，八·121

人文精神
七·335

人文主义思想
四·11、16、19、23、25、28、29、30、31、32、35、38、49，六·97，七·83

人文主义文化
四·28、32

人文主义文学
三·61

人物塑造
一·38、55、61、63、586、594，三·512、572、576、594、651、767

人物心理
一·59，二·280，三·234、541、572

人物形象
一·19、22、48、58、59、60、61、192、196、199、229、239、240、581、594、595、596、603，三·13、33、189、286、511、514、536、552、584、588、591、592、593、595、600、627、634、642、648、651、765，七·238

人物性格
一·7、12、38、197、213、217、586，二·162，三·513、571、775

人物语言
一·58、60、402、586，二·173，三·234、651、773、774、775、918

人性观
六·95

人性化
三·251、324，六·27，八·178

人性论
一·44，二·7，三·11、12、386，五·157，六·94、95、96、97、98、99、100、101、102、107、109、110、112、113、114、146、152

人种
一·81、174，三·200，六·213，八·104

仁学思想
七·171

仁政
三·526，五·56，六·38、89、91、95、96、98、99、100、103、111、128、131、136、141、143、146、158、284，七·147、192、247

067

认知方式
二·81、三·272, 六·110、261, 七·103

认知结构
六·209, 七·12

认知权力
七·102

认知欲望
七·102

认知主体
七·102、103

日本侵略者
二·251、268、三·32、644、649、781、792, 六·300

日本文化
一·140、141、457, 二·251, 三·449, 七·70

日记体
一·618

儒法合流
七·244、245、246、252

儒家化
二·118

儒家伦理
一·291、311、467、494、495、561、571、626, 二·75、118, 三·191、424、490、542, 四·20、106、132、133、190, 五·3、9、27、28、56、57、151, 六·64、65、346、355、356, 七·81、82、84、85、86、90、91、118、145、328、329、367、368、371、376、380、381、385、387、389、390、391、393、413、435, 八·70

儒家思想
一·116、269、278、306、312, 二·72, 三·54、59、141、272、356、485、921、923, 四·15、28、80、114、116、132、133, 五·11、56、57、58、59, 六·246、310、332、333、334、335、346、348、389, 七·53、141、157、281、286、293, 八·58、61、120、121、123、125

儒家文化
一·269、273、278、279、280、305、311、453, 二·71、117、118、119、120、238, 三·60、80、82、142、186、214、224、344、395、398、399、410、425、460、473、502、526、534、540、670、688、744, 四·2、3、15、17、18、31、50、63、65、66、67、68、72、73、80、81、89、90、91、104、108、109、116、127、170, 五·9、10、11、19、20、28、29、33、55、56、57、59、60、61、62、79、96、113、133、134、138、147, 六·63、69、80、135、157、160、171、183、186、188、190、192、193、194、200、206、207、210、216、224、232、233、234、236、291、331、347、348、351, 七·68、69、70、72、73、74、75、81、82、96、133、134、135、136、137、138、142、143、144、145、148、149、151、155、163、164、165、166、167、168、169、170、171、172、173、175、177、180、191、192、

193、194、195、196、198、199、200、201、202、204、205、206、207、208、213、214、215、216、219、220、223、226、227、228、229、230、231、232、233、234、236、239、241、242、243、244、245、246、247、251、252、253、254、255、265、278、279、280、292、293、302、307、329、346、350、364、366、368、374、375、380、386、389、390、393、399、401、402、404、405、406、407、408、411、412，八·45、46、99、100、109、110、112、113、114、115、116、120、153、175、194、213、214、215

儒家文化传统
一·269、277、278、280、284、312、626，二·114，三·60、425、526，四·2、3、11、12、15、16、18、31、32、48、51、63、66、67、80、85、90、102、116，五·27、61，六·62、67、68、69、70、227、237、246、319、347、348、349、383、七·32、171、405、423，八·47、48、106、107、112、113、116、123、124、196、214

儒家学说
一·90、579，二·65、100，三·142、147、184、921，七·17、48、51、53、60、68、79、91、133、135、136、137、141、171、267、379

儒学
一·45、87、89、278、279、439，三·211、212、487、920，四·2、102、131，五·11、32，七·51、53、54、64、72、74、75、146、228、278，八·61、114、115、120、121、122、123、126

儒学传统
八·121

儒学复兴
一·446

儒学家
四·116，六·22、30、38、39、40、41、42、43、45、46、47、49、51、55、56、69、149，八·114、121

儒学热
四·190

入世精神
一·468，三·60，六·63

弱势文化
一·336

S

三纲五常
二·216，三·156、487

三教同源
一·469

三民主义
一·188、290、329、347，二·218，三·670、672、841，四·2、153，五·7、21、57、61、73、77、81、178，七·233、286、343

散曲
一·641，七·379

散文集
二·64、101，八·132

散文叙事
三·866

散文艺术
二·273

散文语言
三·868、879、880、949，八·249

骚体
三·187、894

莎士比亚戏剧
七·418

山林文学
二·4，三·392，五·38

山水游记
二·19、20、30

善恶论
六·367

商品生产
七·108

商业经济
二·14

熵值
七·49、50、56、62、69、75

上层建筑
一·123、426、457、458、459、460、461，三·487、488，五·75，六·115、七·5、7、8、13、19、20、21、22、29、33、342，八·39、49

上层社会
三·130、672、779、847，四·29，五·86、153，七·207、223、265、267，八·47、96、136

少数民族文字
五·167

社会悲剧
一·579，三·198、220、589，七·196

社会变革
一·460，五·65

社会策略
三·676

社会传统
三·746

社会存在
一·96、150，三·203，四·8、98、115、125、181，六·51、64、195、201，七·88、134、149、166、283、296、325、326、329、330、361、376、437，八·84、107

社会道德
一·8、107、108、453、495，二·13、221，三·190、216、410、569、570、617，六·46、47、65、151，七·89、204、245、246、309

社会道义
三·198

社会等级
一·33，七·346

社会动力
一·331，四·76

社会动乱
七·141、144、345，八·6、117

社会发展观
一·90，三·84、566

社会改革
一·277、373，五·68、87，七·35、245、255、329，八·11

社会改造
二·79、87，七·151、152、194，八·83、85

社会共同体
二·233、234

社会教育
一·517，二·203、209、210、211，三·130、264、679、778，四·29，六·29、51、52、53、54、56、74、113、223、224、225，七·207、417，八·39、75、174、175、185

社会结构论
六·199、200

社会解放
一·14、17、18、23、35、113、170、193、200、201、219、230、581，三·135、337、578，六·20、359，八·270

社会进化论
三·566，六·118、119

社会精英
四·146，六·228、359，八·140、141

社会剧
三·581

社会历史性
三·866，六·34

社会历史学
一·546，三·52、153

社会民主
四·171，七·84、151、341

社会批判
一·574，三·125、200、323、782，五·84、87、88、93、94、154、155、157，六·79，七·347

社会平等
三·200，六·354、356、359，七·346

社会生产力
一·36、41、68、83、95、96、132、134、136、453、454、457、458、460、462、464，三·24、34，七·7、8、26、30、34、45、55、98、151

社会实体
六·192、195、198，七·236

071

社会属性
一·171

社会思潮
一·102、157、159、三·59、388、900、917，八·6、48

社会思想意识
一·35、45、46、48、64、189、191、192、193、201、203、218、219、222、230，三·99，七·13、20、21、25、33、34、35、37、38、39

社会文化空间
八·153

社会问题小说
三·814

社会效益
三·118

社会心理
二·206，七·13、274，八·18

社会学体系
六·360

社会压力
二·190，三·761、798，四·48，七·119

社会意识形态
一·32、34、36、38、39、43、46、47、49、50、51、54、55、59、61、64、67、68、69、82、458、460、462，三·26、730，七·5、20、36

社会舆论
一·33、52、55、336、613，二·60，四·24，六·67，八·96

社会哲学
一·467，七·224

社会正义
三·542，四·146，六·206，七·205、246，八·172

社会政治关系
八·152

社会政治观
一·461

社会职能
一·231、542，三·596，七·191

社会制度
一·125、134，三·569，四·8，五·76，六·321，七·343、383，八·80

社会治理
一·343，七·135、319，八·43

社会主体性
七·437

社会主义
一·72、88、180、350、436，三·6、60、78、193、450、733、735，四·48、123，七·34、166、260、324、332、438，八·67、84、263

社会主义国家
六·321，七·438

社会主义文学
三·752

社会主义文艺
七·438

社会主义阵营
三·69，四·48、188，六·321，七·260

社会主义制度
六·321，八·23

社论
一·535，四·138，八·262

摄影艺术
二·110

身份意识
三·203，四·77、115，六·372

神话传说
一·241、305、379、388、390、393、401，二·223，三·186、222、226、228、229、242、259、260、262、263、268、461、480、501、503、517、566，六·236、237，七·45、64、181、221、309

神话故事
二·64，三·176、177、179、181、189、239、502

神话时代
六·334

神话学
六·162，七·42

神秘色彩
三·880，七·269

神秘主义
一·468、469、588、592，二·144，三·46，八·145

神魔小说
三·61、624

神性论
六·98

神学
一·40、132、454、461，三·550、570，四·83，五·80，八·153、175

审美标准
三·465，七·280

审美尺度
一·237

审美风格
三·428、664

审美感知
七·171

审美关系
三·143

审美观念
一·273、470、475，二·99、160，三·238、426、463、714、788、911，

四·108，七·21、425，八·12、13、235

审美观照
一·374

审美价值观
一·46，八·190

审美距离
一·237，七·425

审美情绪
三·887

审美趣味
三·69、118、119、120、132、133、298、299、373、417、864、865、866，七·2、116、118、413、414、429、432、433、437、438，八·9、226、237

审美视野
三·135

审美体系
一·475

审美愉悦
八·235

审美知觉
三·413

审美直觉
三·134

生产方式
一·34、36、39、95、121、123、136、138、217、449，三·14、15、34，六·135，七·7、49、54、55、57、58、62

生产工具
一·124

生产关系
一·39、55、123，三·488，五·75，七·7、8、342，八·21、152

生产力
一·39、55、96、119、123、124、129、134、136、138、151、458、464，三·142、488、719，五·75、104，七·7、30、31、56、57、342，八·21、59

生产者
一·34、400，三·457、484，六·64、72，七·106、107、108、109、194、195、196、206、309、416、417、432

生产资料
七·55

生活化
三·199、200、201、202、203、204、207、209、866，七·217

生活题材
一·64，三·411、786

生活习俗
三·464，六·34，八·105、174

生活形式
三·205、789，六·271，八·131

生活资料
三·425、427，六·153

生理学
一·456，六·237，七·51、249

生命存在形式
六·386

生命观（生命观念）
六·360、361、362、364、366、367、368、385、388、389、391

生命力量
一·253，二·190、194、202，三·220、233、338、421、429、506、569、642、697、863，六·50、262、382、383、384，七·236、319、327、332、407

生命论
六·367

生命意识
三·206、275、690、751，六·370、371

生物进化论
一·471、472

生物学
一·249、456，三·248、363，四·159，五·66

剩余价值
三·535，七·287，八·21

诗歌风格
三·819、851

诗歌理论
三·871，八·252

诗歌流派
三·851、854

诗歌评论家
三·868、870，八·249、251、260

诗歌选
三·819

诗歌艺术
三·885

诗歌意象
三·810、881、882、939

诗歌语言
二·280、283，三·353、808、834、836、878、938

诗歌作品
一·4，三·52、115、815、819、835、858、867、901、907、915，七·387，八·196、248、262、275、287

诗化哲学
三·831

诗集
一·92、528、555，二·8、40、63、75、106，三·415、557、828、861、889、925、929、933，四·55，八·196

075

诗论家
三·828、833、835、856

诗体
二·261，三·6、762、767、824、858、872、946，八·253

诗学
三·43、354、491、812、939、940，七·101

诗学理论
三·320、871，四·96，八·252

诗学批评
一·564

十四行诗
二·90、91，三·48、830

时代精神
一·5，三·174、366、886、900

时间序列
一·132、404

时空体系
六·85

时效性
一·503

实践精神
三·506，七·247、252、370

实践理性
一·193、199，三·266、268、275、607、840、849、852，六·325

实验科学
七·28

实验主义
四·30

实业救国
五·90

实用主义
一·248、513、564，三·58、64、682、733，四·14、30、62，五·8、42、43、44、47、65，六·46，七·328、330、350、445，八·175、178

实用主义哲学
一·247、264、302、314，四·12、22、26、28、30、32、36、47、60、62、63、84、86、87、88，五·8、50、51、65、69

史论
三·1、98、103、104、112，八·257

史诗
二·223，三·154、240、262、263、480、491、501、762、764，六·334、七·276、409、451，八·257

史诗性
三·764

史识
一·246，四·11、12、13、17、18、19、20、21、22、24、35、65、92、101

史学史
一·273、304、305，三·481

史传文学
三·480

使用价值
一·445，四·63，七·1、2、3、4、5、9、10、11

氏族社会
七·197

世界电影史
七·421、428

世界观
一·9、79、83、89、96、156、246、307、315、330、332、335、339、381、500、540，二·46、98、101、121、三·53、162、211、226、231、268、290、414、433、499、500、630、641、651、730、731、746、844、859、860、903、904，四·29、88、95、107、108、110，五·40、69、97、132，六·24、50、53、68、85、86、87、88、92、150、188、223、226、229、230、241、242、243、244、245、246、247、248、284、285、287、292、309、346、354、357、376，七·28、29、138、146、178、181、210、224、269、296、339、434，八·107、129、155、222

世界模式
六·189，七·181

世界图式
三·434、644、645

世界文学
一·1、9、98、100、481、645，三·6、9、10、14、24、25、26、28、31、43、46、153、351、373、577、578，七·350、434，八·241

世界文学名著
七·438

世界文学史
一·601，二·93，三·15、205、370

世界中心论
一·114

世俗化
三·174、267、346、873，六·252、257、360、371，七·218、219、430，八·254

市场经济
三·173，八·221

市民文学
八·142、143、144

手抄稿
八·199

手工业
三·204、578，七·49、59

手工艺术
七·379

受众
三·119、195，四·31，七·432、433、437、438

抒情诗
二·85、110，三·181、186、187、213、218、762、829、837、848、852、857、885、889、938，八·153、262

抒情小说
一·155，三·510、512

抒情性
二·197，三·186、234、346、367、510、512、517、762、932

抒情语言
二·197，三·187

数理逻辑
五·72

双关
一·615、618，六·387

司法权
七·370

私塾教育
二·210，四·113，五·166，七·9，八·151

私有财产
一·393，二·213，三·528，五·78，六·116、123，七·180、196、197、220、300、315、369

私有化
六·228，七·222

私有权
七·179

私有制
七·173、174，八·21

思维空间
一·68、99，二·228，三·261、887、888，四·16、35，六·1、11、63、238、254、257、351、355，七·42、219、277

思维习惯
七·65、87

思乡诗
三·931

思想家
一·17、21、40、41、44、68、70、71、72、73、79、87、89、102、110、121、174、177、210、236、263、289、302、380、430、455、456、466、486、545、546、550、552、554、555、557、569、573、622、645，二·9、26、85、93、102、120、145、223、229，三·16、17、59、125、148、197、233、260、261、262、267、268、269、270、271、272、274、277、303、322、342、404、462、487、491、505、558、647、710、739、803、804、818，四·13、32、75、113、181，五·73、76、120、165，六·5、6、8、18、30、32、34、50、54、63、65、67、70、79、82、96、97、98、119、124、169、185、191、192、194、200、244、258、281、282、283、285、286、319、323、339、361，七·38、46、47、60、61、64、83、88、89、114、133、150、158、214、226、234、246、247、248、281、324、326、330、391，八·32、35、55、56、57、58、

80、87、116、160、162、168、170、196、257、260

思想模式
三·386、392、394、432、437、568，五·62，七·53、231，八·43

思想史
一·30、81、131、158、311、466、550、645，三·115、389、744、747，四·85、86、130、183、184，六·159、239，七·41，八·117、169、170、174

思想史家
一·466，二·222，四·184

思想文化史
八·28

思想性
一·6、30、48、105、186、236、604，二·280，三·11、13、21、112、115、302、373、555、581、589，七·409

死亡观
六·388

四大发明
七·58、70，八·25

寺院经济
七·73、143

宋明理学
一·54、243、274、278、291，二·225，三·110、184、212、335、824，四·15、50、66、133，五·1、9、10、11、19、27、32、61、68、73、79、151，六·5、8、15、31、47、68、69、70、128、358，七·53、72、75、228、278，八·54、58、65、115、196、268

宋元话本
三·481、482

苏联文学
一·643，七·40

苏联文学史
二·141

俗文学
三·86、162，四·92

素材
一·374、400，三·245、461、485、498、561、565、575，八·168、223

素朴实在论
一·76

速率
三·896，七·120

宿命论
三·588，七·151

缩写本
八·224

所有权
七·179

T

他人意识
六·62

台湾文学
三·70，五·185

太阳崇拜
三·345

太阳中心说
七·26

唐代传奇小说
三·61

唐代文化
七·2

唐诗
一·111，三·903，七·446

唐宋传奇
三·199、201、202、444、481、482

提纲
一·580，三·128

题材
一·13、19、21、22、23、26、32、65、105、107、170、196、198、201、227、233、241、401、408、430、432、470、591、592，二·37、64、90、139、140、141、148、174、275、277，三·10、65、79、116、143、180、181、228、235、236、245、247、250、252、373、374、411、426、436、437、444、445、449、459、465、468、474、475、482、485、492、493、496、507、509、512、520、521、522、524、527、528、529、530、531、532、533、534、535、536、537、538、542、545、551、552、553、554、555、560、564、567、569、570、572、573、574、598、652、698、731、755、756、764、771、780、781、782、783、785、800、810、878、935、938，六·351，七·115、409、414、418、419、422、438、445，八·10、12、141

题材决定论
三·746

体裁
一·98、99，三·10、109、181、199、200、215、223、247、372、479、482、487、493、809，四·18，五·151，七·92、404、410

天道
一·457，二·226，六·49、91、92、94、97、107、174、175、177、200、209，七·181、186、188、189、192

天道观
七·296

天赋人权
二·135

天命观
六·108

天命论
六·107

天人合一
一·469、514，二·237，三·60、184、383、413、910、911、913、914、916、917，六·262、344、345，七·52、55、237、238

田园诗
一·189，三·246、465、577

通史
八·196

通俗文学
二·37，三·130

通俗文艺
三·32、85

通俗小说
三·321

同构关系
一·212、222、223，三·172，四·127，七·166

同化作用
七·12、19

同源字
一·286

桐城派古文
二·16、17，八·65

童话
一·13、380，三·123、292，八·224

童年意识
三·883

童心说
三·881、928

统一战线
一·34、184、351、355、357，三·785

统治阶层
二·248，七·283

图式
一·29、31、392、394，三·88、434、644、916，六·170、173、186

图书馆学
八·27、29、200、201

颓废主义文学
三·22

蜕化现象
六·117

托尔斯泰主义
一·44

W

外部矛盾
三·442、454、604，七·179

外国文学史
三·115、131，四·83，五·152

外国文学研究
一·560、640、646，三·12、122、

081

152、八·211

外国文学作品
一·485、640，三·16、28、315、321、369、417

外国戏剧
一·640，七·387

外国语言文学
二·110

外国哲学
三·831，七·387

外来语
一·288，三·834、864

外史
三·480

外在世界
三·559，七·186、210、250、334

晚清文学
一·101、102、103、105、108、109、110，五·162，八·67

晚清小说
三·169、446，八·220

王道政治
六·138，七·227

王阳明学说
五·73

网络文体
四·18

微观世界
六·180

唯美主义
三·366、828，五·42

唯物论
一·76、77、468，三·84，五·110，六·331，七·182

唯物论者
六·263、331

唯物主义
一·76、77、78、79、80、89、213、436、445、446、467、468、514、585，三·13、60，四·59、178，五·51、128、147，六·105、109、111、160、161、187、188、316，七·184、398，八·21

唯物主义思想
一·91、445

唯物主义哲学
六·162、169、187、377，七·184

唯心论
一·77，三·84，五·110，六·331，七·182

唯心主义
一·76、77、78、79、80、425、436、444、466、467、468、469、514，二·77、78、81，三·60，四·59，五·

128、147，六·105、109、111、160、187、188、316，七·398，八·21

唯心主义哲学
一·76、77、78、91，四·59，六·161、162、169、187

唯意志论
一·75、76

惟民主义
二·4

维新思想
一·284，五·5

伪善性
一·475

伪政权
八·85

未来主义
三·363、365、378

未来主义诗歌
三·857

畏惧感
一·607，三·813、882，七·138、313

谓语
一·369、370、371、388

魏晋玄学
六·160

温室效应
二·110、112，六·243，八·157

文白之争
五·179

文本分析
一·368，三·283、284、285、286、287、288、289、290、291、292、293、294

文代会
八·199

文风
二·17，三·15、713，七·116

文官考试
二·206、240

文化霸权
三·668、669，五·61、167，七·154、278、280、355

文化保守主义
三·89、318，六·349，八·68、69、70、71、185

文化悲观主义
七·114

文化背景
一·117、153、474、475、476、491、512、565，三·126、132、214、381、438、461、493、499、540、642、811、871、944，四·31、132，五·28、87、90，六·219、223、384，八·15、16、32、121、211、212、214、217、252

文化策略
三·684，六·239，八·115

文化重建
一·176、572，八·183

文化传播学
七·178，八·47

文化错觉
六·77

文化大革命
一·300、336、352、480、483、486、489、492、493、497、519、520、522、523、527、529、530、533、534、535、537、538、539、541、542、544、546、547、548、549、564、623、625、645、二·14、21、31、53、69、72、78、83、94、95、103、117、125、157、209、三·4、9、67、68、69、72、73、74、76、78、80、82、94、98、108、111、134、151、172、240、278、284、297、298、300、307、312、331、344、345、387、397、425、430、549、662、664、665、725、727、732、736、740、741、742、755、756、759、760、761、824、845、四·8、117、125、134、135、136、138、139、142、143、150、154、156、158、159、163、165、166、167、168、169、170、171、173、174、179、180、181、182、183、184、185、188、189、198、201、212、五·82、102、104、105、106、111、112、140、141、144、145、149、六·55、294、299、七·34、41、43、101、120、153、260、268、269、280、289、290、292、333、347、353、356、359、363、414、443、449、八·5、6、

文化发生学
七·178

文化发展观
七·130

文化复古主义
一·257，三·89、90，六·346

文化改造
三·17、747，四·2、七·89、152

文化共同体
五·173、175、176、177、178、179、184、185，七·65、66，八·108、111、112、130、131、135、136、137、138、139、140、141、142、143、145

文化观（文化观念，文化观点）
一·246、336、370、567、602、625、二·14、23、115、244、247、248、250、251、三·76、82、90、119、156、157、168、176、186、226、333、357、395、426、432、447、457、500、566、567、569、665、682、683、716、745、835、879、四·6、28、29、87、88、89、126、160、185、五·1、6、17、42、47、58、64、80、83、91、95、147、152、170、172、174、六·5、26、70、177、183、186、188、212、385、七·64、65、95、103、110、114、118、121、130、149、221、241、260、261、

24、31、53、69、91、93、96、129、130、131、133、138、141、142、143、148、157、159、160、161、166、180、181、191、215、216、223、227、244、246、256、281、286、287

264、273、292、308、343、344、345、346、354、355、356、368、384、385、387、388、394、405、407、八·55、142、143、181、184、213、266

文化化
三·206、404、670，四·161，六·161，八·56

文化价值
一·116、138、257、317、331、455、517、601、602、603、604、605、608、609、611、640，二·118，三·67、83、91、156、203、212、259、268、333、335、355、356、358、393、403、428、468、516、517、667、680、681、683、684、745、776，四·67、106、134、186、188、189，五·27、61、86，六·79、114、213、226、283、318，七·1、2、3、4、10、11、52、65、66、67、68、70、73、107、139、153、160、162、190、215、227、229、245、259、261、363、375，八·40、52、109、120、121、128、208、214、266、268

文化建设
五·59、62、63，六·239

文化交流
三·91、499、509、878，五·124，七·72、119、128、129、149、267、350、354

文化进化论
一·300，三·89、90，四·88、89、90，五·126，七·114

文化禁锢
三·740，七·128

文化控制
三·684

文化扩张主义
七·125

文化理论
三·691，五·155、164，六·345、346，七·9、80、224、394、396、397、398、411、415，八·149、154、155、158、181、182、183、184、185、186、206、207、214、216、217、218、219、220、228

文化理想主义
七·407

文化链条
一·570

文化路径
八·51

文化民族主义
五·28、60、87

文化批评
一·368、369，二·136，四·94、124，五·83，七·284

文化启蒙
一·611，八·35

文化权力
三·102、851、852，五·154，六·

245、七·235、346、347、354，八·181

文化人类学
五·111、114，七·42

文化融合
七·16、101

文化入侵
八·99

文化生产
一·456、457、461，三·425、426，六·81，七·108、109、178、282、362、374、376、377、378、379、380、381、401、411、416

文化实体
一·113，三·171

文化市场
四·50，六·66、153，七·401

文化视域
五·181

文化输入
一·492，三·160，五·169，七·129、289

文化思潮
一·446、491、625，三·59、81，四·169、186、190

文化危机
三·131，五·18，七·104、105、106、108、113、114、115、116、117、119、120、121、122、123，八·246

文化心理学
三·294

文化样式
七·366

文化遗址
六·133

文化战争
四·186，八·53

文化哲学
一·554，六·345，七·184

文化政策
四·66、184，七·230，八·28

文化秩序
一·552，二·99，七·359

文化专制
一·278、279、280、333、338、344、349、350、351、352、353、358、360、498，二·135、136，三·69、71、72、77、131、135、232、469、476、523、524、561、683、740、741，四·31、47、124、125，五·19、36、87、158，六·212、346、351、356、357、358，七·149、216、227、228、236、239、240、243、245、252、253、255、286、393、405，八·70、71、87、114、213、220

文化资本
四·186

文化自觉
一·603

文明化
三·670

文体风格
七·271

文体特征
六·257，八·70

文体学
三·168

文学背景
一·475，三·126、130

文学本体
三·277，四·156，五·184

文学阐释
三·736

文学常识
三·663

文学创造
三·132、133、678、680、807

文学大师
一·277，三·127、577、714、717

文学地图
一·641，八·279

文学工作者
三·417、752

文学共同体
三·716、719、720

文学话语
三·339，八·272

文学环境
三·354，七·39

文学鉴赏
一·373，三·47、311、313，八·239

文学奖
二·136，三·402、770

文学交流
三·38、39、175

文学接受
三·327、727

文学界
一·102、492，二·1、62、71，三·29、41、62、73、76、77、83、106、155、362、402、406、468、481、695、800、886，五·156，八·3、16、85、143、205

文学进化论
一·51，四·88、89、90

文学精神
三·161，七·434，八·62

文学课题
三·759

087

文学空间
三·131、330、340、727、908，八·141、185、234、235、272

文学立场
三·727

文学流派
三·56、63、114、115、359、362、677、693、694、702、703、713、719、720、723、726、851

文学论争
三·76、77、114、683，四·146

文学名著
三·130、131、132，四·113，七·431、438，八·92、226

文学母题
三·137、138

文学批评
一·183、366、564，三·3、35、37、39、40、41、42、43、44、47、48、49、50、110、114、116、122、129、252、271、295、297、303、304、305、306、307、308、309、310、311、312、313、314、315、316、317、318、319、320、321、322、323、324、325、326、327、328、329、330、331、432、493、714、725，四·109，七·334，八·199、202、219、238、282、283、284

文学期刊
八·190

文学社会学
八·257

文学事件
三·769，四·161

文学思潮
三·59、779，四·29，五·42，七·41

文学特征
三·1、52，四·167，五·171

文学文献学
八·27、28、29、198、199、200、201、202、204

文学想象
一·280，三·492

文学形象
三·45、281

文学研究方法论
七·42，八·165

文学遗产
一·1、108、585

文学艺术家
二·134，三·201、215、272、314、419、421、568、760，五·81，六·98，七·41、88、280、440、442，八·13、82

文学意象
二·146、158，六·335，八·275、283

文学意蕴
三·86

文学语言
二·156、157，三·6、256、280、353、651、755、807，四·135、142，八·234、282

文学阅读
一·641，三·261、327，四·169，八·225、276

文学杂志
三·120

文学制度
三·872，八·253

文学秩序
二·99

文学主题
三·372、700

文言短篇小说
一·322，三·444

文言诗
三·802、804、805、807、814，七·408、409、410、411、412、417

文言文学
四·91、92

文言小说
一·581、582、586、591，二·16，三·357、811

文言语法
三·802

文艺创作
一·101、559，三·33、561、729、730，四·8，七·36、39、420、438

文艺大众化
三·863、864

文艺方向
三·663、771

文艺方针
三·684

文艺工作者
二·264，三·30、32、33、34、762

文艺观（文艺观念）
一·71、231，三·57、127、325、432、737，四·150，七·171、440

文艺理论
一·11、313、366、537、559、644，二·63、105，三·26、30、46、115、262、286、325、370、729，四·145，五·152、155、158、161，八·127、195、238、241、257

文艺理论家
一·17、483、498，二·10、24、108，三·56、106、370、385、705、808，四·148，五·84、93，八·232、238、258

文艺论争史
三·115

文艺美学
三·199，四·110，八·160

文艺批评
三·325

文艺评论
四·4，七·434

文艺思潮
一·313，三·52、62

文艺思想史
一·645，二·63，三·76、115、744、747，四·130

文艺政策
三·757，四·160，七·353

文字狱
一·276，二·35、36、232，三·210，四·52，六·196，七·62、232、243、390，八·111

问题小说
三·453、814

问题意识
三·173，六·18

乌托邦
三·141，六·56

无产阶级
一·72、88、96、108、113、362、419、435，二·14、137、264，三·15、27、28、60、129、593、642、729、730、731，四·150、187，五·84、102、

六·281、353，七·121，八·84

无产阶级化
三·731

无产阶级民主
六·347

无产阶级社会
八·84

无产阶级世界观
三·29

无产阶级思想
三·27、730，四·3

无产阶级文艺
三·33、728、729

无产阶级专政
一·536，七·287

无政府主义者
一·298，三·58、124、125、236、711，六·207，八·37、39、42、43、48、49、50、82、83、84、85、86、87

无政府状态
三·263，七·313

无主句
一·371

五四文学革命
一·219，三·3、5、84、351、354、362、444、503、724、726、727、756，四·167，五·173、176、178、179、

七·36、86

五言绝句
三·48

五言诗
三·905

舞台艺术
七·418

物理学研究
四·171

物我一体
一·469，三·910、911、914、917

物质化
一·63，二·153，三·872，六·371、七·312、321，八·122、253

物质生产力
一·188、455、463、464、543，七·25、26、27、28、29、30、31、33、34、62

物质文明
一·6，七·392

悟性主义
一·469

X

西班牙文学
八·224

西班牙文学史
三·475，八·224

西部文学
三·458、703

西方悲剧
三·175、184、199、200、215、216、217、218、223、231、720、721，四·108

西方存在主义
一·295、549，三·358，六·366

西方古典主义
三·30

西方列强
一·127、134、153、158、176、331、449、450，三·241、675、691、941，四·50，五·95，七·6、8、285

西方伦理
七·384

西方马克思主义
一·564，三·154、159、370、432，五·59、76、77，六·147，七·284、288，八·83、121、149、195

西方民主
一·138，四·71、165，六·147、152、158，七·146、166、341，八·25、124

西方民主制度
七·300、347、373、429

091

西方社会主义
七·166

西方神话
二·64

西方思想史
三·437

西方文学史
一·640，三·49、55、56、61、181、244，五·109，八·153

西方哲学史
一·466、467，八·174

西方中心主义
四·189、190，七·285

西洋画
七·388、401、402、424、425

西药
七·365、388

西医
四·127，七·387、388、390、401

希腊神话
八·257

希腊哲学
七·46、47

稀释
二·269、270、271，三·195、196，六·208，八·211

喜剧电影
七·449

喜剧性
一·29、66、241、362、363、470，三·195、202、225、229、232、238、571

戏剧冲突
三·215、216、442、598、771、772、773

戏剧结构
三·597、598、599、605

戏剧理论
七·420，八·222

戏剧情节
一·402，三·197、216、234、772

戏剧文学
三·491、770

戏剧形式
三·771、772，七·414

戏剧性
一·320、402、616，二·75

戏剧样式
三·868，八·249

戏剧艺术
三·597，七·411、412、418、432、445、448

戏剧语言
三·772

戏剧运动
三·770、771

系统科学
七·56

系统论
一·562、563,七·49、60、75

细读
一·600、606、615,三·510

细节描写
一·68,二·181,三·453、549

狭隘经验主义
一·469

狭隘民族主义
一·291,三·681、682,七·10

狭隘性
一·34、35、150、469,三·322、337、459、522,六·1、261,七·68、222、229、372、373、374

先锋队
一·432

先锋派文学
三·52、349、350、373、384

先进性
一·216、290、545,三·27、236、759,四·32、177,五·90,七·38、39、42、82、84、155、340、341、350,八·101

先秦文化
三·185,四·49、50、85,六·317,七·216、223,八·52

先秦文学
三·803、804,四·199

贤人政治
四·74

现代保守主义
三·107

现代报刊
三·117、812

现代报刊业
三·811

现代长篇小说
一·220、221、229,三·443

现代汉语
一·288、333,五·152

现代话剧
三·443、725、868、869,四·127,八·249、250

现代教育思想
四·25、40、41

现代教育体系
二·245,七·352、358

现代进化论
五·28，六·119

现代理性主义
六·209

现代美学
二·260，三·86

现代民主制
六·350

现代民族文化
三·693

现代女性小说
三·791

现代派诗歌
三·855、856

现代派诗人
三·841

现代人文主义
七·429

现代散文
三·143、150、151、430、441，五·150，七·387

现代神话
七·407

现代诗人
一·258，三·352、353、810、813、822、845、848、882，七·409

现代抒情小说
三·510

现代思潮
一·203，三·626，五·57

现代危机
三·356、693

现代唯物主义
一·424

现代文艺理论
一·644，二·10、105

现代无政府主义
八·49、51、52、143

现代武侠小说
三·864

现代物理学
一·456，六·180

现代戏剧
二·116，三·234、769、771，五·151，七·387

现代乡土文学
八·143

现代小说家
三·484、549、711，五·153

现代心理学
一·562，七·212

现代新儒学
三·80，八·114

现代形式
三·389、696

现代学校教育
三·795，五·166，八·156

现代艺术
三·444、538

现代意识
三·745、747，四·176，七·94

现代印刷
三·117、811、812，八·27、202

现代哲学家
四·86，五·73，七·28

现代主义文化
三·349、395、397、398、403、405、406、423、798

现代主义小说
三·382

现代主义艺术
三·378、379、634

现代主义运动
三·351

现代自然科学
一·456，六·180，七·212

现实感
一·308、539，二·86，三·218、383、500、568、629，四·134、157，五·60、73，六·153、239，七·222，八·138

现实剧
一·399

现实可能性
一·47、50、124、152，八·70

现实批判精神
五·156

现实题材
一·183、240，三·228、238、239、410、498、537、561、570、572，七·428

现实题材小说
三·495、499、517、567

现实体验
三·507

现实主义
一·1、4、5、6、7、8、9、10、11、13、14、15、16、17、18、19、20、22、21、23、24、25、26、29、30、44、46、47、48、49、50、51、52、53、54、83、156、182、183、187、193、194、197、200、201、202、203、204、205、208、213、214、215、218、219、223、229、230、231、233、237、240、241、242、310、378、390、445、446、469、476、492、498、525、535、536、545、550、557、564、580、581、584、585、589、590、591、592、596、597、599、600、

601、603、642，二·4、33、37、39、
40、62、63、93、94、98、138、156、
159，三·27、29、52、56、58、60、
61、62、63、64、65、78、79、105、
113、115、118、123、126、199、200、
201、216、244、245、246、247、248、
249、250、251、252、259、281、349、
350、351、352、353、354、355、359、
360、361、362、363、364、368、370、
371、372、373、374、375、376、378、
382、384、386、388、396、398、399、
407、411、419、420、452、507、511、
517、546、550、551、571、572、611、
634、641、705、709、723、731、746、
747、871、900，四·29、110、159，
五·8、30、163、六·317、七·37、
40、92、119、120、250、264、328、
330，八·2、22、70、81、83、225、
239、252、256、258、281、283

现实主义创作方法
一·46、241、581、601，三·323、452

现实主义精神
一·6、14、589

现实主义理论
一·639，二·63、三·370、452，六·
317、八·217

现实主义文学理论
三·244，七·41，八·217、256、283

现实主义小说
一·4、11、25、156、182、187、219、
580、598、601，三·123、363、456，
八·218

现实主义艺术
一·1、6、24、53、238，三·115

现实主义作品
一·9、10、21、49、215、528、547、
580、584、588、589、592、593、594，
三·78、八·239

现象世界
二·94，三·193、465、599、601、
607，六·267、268、269、276、277、
278、279、280、281、282、283、290、
292、297、302、306、309、312、313、
315、316、317、319、332，七·141、
212、281

线性思维
三·750

乡土小说
一·155，三·32、116、453、686、
700、724

相对论
二·81，六·280，七·118、218、380、
399

相对主义
一·423，三·355、357、358、379、
380、421，六·304、七·253

香港文学
五·185

享乐主义
一·7、8、9、164、165、170、496、
497，三·205、206、282、336、346、
541、570，七·144、148、151、328、

330，八·69、269

享乐主义文化
三·195，五·88、八·143

想象力
一·255、280、507、509、609，二·25、26、184，三·337、470、613、704、705、827、867、878，六·236、254、258、263，七·142、156、254

相声艺术
七·379、426

象征符码
一·412、413

象征化
三·560、885

象征手法
一·51

象征形式
三·685

象征意义
一·51，二·254、258，三·88、360、452、579、592，七·446，八·100

象征主义手法
一·50、51，三·113

逍遥观
六·341

消闲文化
三·119

小黑格尔主义者
一·435、436，三·261

小农生产
七·7、57

小农制经济
七·55、59、60

小品文
三·429

小人物
一·22、23、24、26、44、470、581，二·77、80、123、140、180，三·116、419、420、452、453、464、474、581、753，七·247、450

小市民文化
七·429、434、435、448、451，八·142、143

小说技巧
三·461

小说结构
一·219、221、225、229、232、366、394，三·238、629

小说类型
三·560

小说理论
一·366，八·224

小说情节
三·454、465

097

小说题材
三·238、459、521

小说形式
一·584、618，三·465、466、491

小说形态学
三·709

小说叙事
一·369、375、389、396、400、406，二·197，三·238，八·2

小说研究
一·261、365、366、367、376、380、426、427、429、431、432、523、524、584、640，三·52、568，四·88，五·47，八·226

小说研究史
一·431

小资产阶级
一·96、185、199、226、530，三·78、663、664、730、731、841

小资产阶级思想
三·475

笑剧
一·65，三·798

写实小说
三·415、448、453、456、467

写实性
三·360、512、517

写实主义
二·63

写作手法
一·240，三·368

写作意图
一·118，二·255

心理背景
三·574

心理冲突
一·583，三·454

心理创伤
一·205、615

心理分析
三·537、541、542、570、572、636

心理机制
一·562，三·473、474，八·17

心理描写
一·57、172、173、229、241、242、407、411、588、618，三·512

心理小说
三·382、538、711

心理障碍
一·205、206、207、208，二·114，三·293、565

心学
一·561，五·61、71，六·128

新编历史剧
三·764、771

新格律诗
三·818、819、821、823、939、940、943、八·275

新古典主义
三·200、392、395、398、399、400、401、402、403、404、405、406、407、411、414、415、419、420、423、428、430、431、432、434、435、436、438、439，四·28、29、110，七·119，八·240

新古典主义文学
三·23、61、388、389、392、393、394、395、411、412、416、417、425、428、438、439

新国学
三·171、172、173，四·131，五·1、54、99、119、121、122、125、128、129、130、131、135、140、141、144、148、149、150、167、168、169、170、171、172，八·193、196

新教伦理
七·429

新康德主义
五·70

新浪漫主义
七·37

新理学
五·71

新民主主义革命
一·30、447、448、595、623，三·2、4、98，七·14，八·126、199

新民主主义政治
一·30、429、431，三·4，七·34，八·11

新人文主义
一·513，二·100、101，三·58、64、320、402，四·11、14、15、16、17、18、19、21、22、23、25、26、28、30、31、32、35、38、49，五·65

新儒学
一·446、494，三·80、395，四·2

新诗
二·24、53、63、67、87、90、92、107，三·72、79、115、169、354、366、407、408、412、442、717、763、766、801、802、807、808、809、810、811、812、813、816、817、822、828、830、833、835、847、850、858、859、860、861、863、865、867、868、869、870、871、872、873、874、875、876、877、878、879、884、885、886、900、909、914、925、928、929、943，四·55，五·47，八·248、249、250、251、252、253、254、255

新石器时代
五·107，七·63

新石器文化
七·45

新时期文学
一·182，三·7、152、153、387、663、747，五·109，七·42、43，八·141

新史学
一·249、267，五·66

新思潮
一·71、202、205、283、595，四·42

新文体
一·278、308，四·103，五·58

新文学史
一·523、581，二·64，三·8、98、109、503、580、746，五·185，八·27、199

新闻记者
一·486，三·735，四·124

新兴地主阶级
六·21、118、152

新兴资产阶级
一·22

新秧歌运动
三·770

新月诗派
三·851

新殖民主义
七·284

信天游
三·763、764、765、766，八·97、132

信息论
一·562

信息社会
七·317

信息系统
七·16

信息学
八·201

信仰体系
七·210，八·175

信仰主义
一·425

形而上学
一·38、43、76、78、545，三·20，八·21

形声字
六·11

形式美
三·771

形式主义
一·564，三·10、115、619，七·86、168

形象思维
一·526、527

行为动机
七·165

行为模式
一·223，三·226，六·182，八·44

行为艺术
八·275

行为语言
三·919

性本能
一·161、162、163、165、168、172、241，二·175、176、177、178、179、181，三·347、363、421、539、540、541、542、633

性道德
一·13、163、165、170、561，二·102

性恶论
六·99

性善论
六·99、104、107、108、152

性心理
一·173，二·38，三·378、463、542、560、632、697

修辞学
七·291

修正主义
二·31，四·8

虚构
一·47、380、385、399，二·203、280，三·6、281、482、503、507、637、706、707，六·167

虚君共和
七·32、145

虚实说
八·233

虚无主义
一·40、197、198、267、314、361，三·329、636、六·179、340、377，七·250，八·74、275、281

虚无主义者
一·450，七·248、307

虚象
三·361

叙事长诗
三·32、290、762、763、764、768、865，八·131

叙事方式
一·366、367、399、402、407、418，三·461

叙事角度
一·49，三·52、448、483

叙事结构
一·365、398、406

叙事模式
一·367，七·439

叙事诗
二·90，三·195、762、763、764、765、767、768、828、866

叙事文体
三·481

叙事文学
一·366、388、399,三·32、181、481、491、492、493

叙事性
三·32、186、187、189、213、340、762、763、764

叙事性作品
三·181、213、762、767

叙事学理论
一·366、367、368、395、639,八·217

叙事艺术
一·365、366、368、369、383、389

叙述结构
八·200

叙述语言
一·586,三·539

叙述主体
六·343

宣叙调
三·415

玄学
一·391、468、469,四·118,五·58,六·223,七·51、194

学术辩论
六·330

学术道德
一·40、325、326,三·167,七·263,八·60、135

学术规范
一·257、325、326,三·509,四·9、69,七·263,八·204、239

学术话语
七·288

学术刊物
一·328、368,四·139,八·193、224

学术品格
八·204

学术系统
五·167

学术研讨会
一·271,五·179,八·95

学术语言
四·144,六·78

学术自由
一·571,四·28、29、30、31、56、57、140,八·241

学位论文
一·28、100、102、368、620、621、623、624、625,三·127、704,四·84、196,六·286,七·263,八·2、73、95、96、97、143、178、186、223、243

学院派哲学
五·78，八·82、84

学者小说
八·222

训诂学
一·279、286、五·10、48、72

Y

雅文学
三·85、86、203、204、207、362、443，四·92

亚细亚生产方式
一·237，七·59

延安文学
三·755、756、757、758、759、760，八·28

严肃文化
三·805，四·92，七·429，八·230

严肃文学
二·37，三·319、321，四·92

言论自由
二·80，四·76，六·353，七·345、八·72

言情小说
三·446

研究方法
一·30、73、100、259、260、314、418、419、442、443、544、545、546、559、563、564、566，三·7、37、74、152、153、154，五·84，八·165、207、217、238、239、240

研究价值
一·321，三·757，五·13、74，七·405，八·73、163、164、189、191

研究课题
一·72，三·160，七·264、420，八·206、244

研究生教育
四·186，八·240

演变史
六·232

秧歌剧
三·764、770、771

养生论
六·360

谣曲
三·763

野史
三·480、495

一党专政
四·7，五·96

一夫多妻
一·132、133、164

伊斯兰文化
七·290

103

医学
一·2、125、141、312、456，三·710、
六·347，七·388，八·239

医药学
六·237，七·387

遗传学
三·363

遗迹
一·248、403、473，二·153、165，
八·86

以文运事
三·482

义素
一·412

艺术典型
一·579、582、601

艺术方法
一·1、6、241、581，三·252、685

艺术分析
一·29、367、430、547、548、564、
600，三·124、329，六·40，七·153

艺术氛围
一·430

艺术风格
一·53、66、71、73、618，二·122、
229，三·115、124、236、238、367、
374、378、467、468、493、517、523、
571、622、632、759、821、847、854、
857、863、876，七·425、426，八·
156

艺术感受
一·73、528、537、581、646，三·
341、529，八·183

艺术感受力
三·99、271，四·145，六·40

艺术个性
三·22，八·61

艺术工作者
七·440

艺术功力
三·798、799

艺术功能
八·278

艺术观（艺术观念）
一·498，三·229、230、238、240、
844，七·441、443

艺术化
一·616，二·122、182，三·457

艺术接受
二·260、264

艺术经验
三·25

艺术精神
七·434、451

艺术空间
二·274，三·221、757，七·402、
八·11、12

艺术理论
一·564

艺术批评
一·564、600

艺术品位
三·143、454、811

艺术倾向
三·22、123、124、452、639，四·4

艺术趣味
三·794，七·281、441

艺术审美
三·218

艺术史诗
一·432

艺术手法
一·19、51、56、57、59、529、589，
三·378、517

艺术思维
三·269

艺术特色
一·71、159、529、580，二·269，
三·622、914

艺术体
二·260

艺术体系
七·418

艺术体验
八·284

艺术想象
一·170、223，二·178，三·494、
501、502、503，八·280

艺术想象力
三·867，八·248

艺术形式
一·5、60、367、371、430，二·102、
278，三·21、22、32、118、197、199、
200、218、237、238、240、365、421、
442、446、448、455、465、466、496、
542、567、622、706、747、768、770、
772、811、865、876、878，七·412、
413、414、415、418、419、422、423、
425、426、429，八·12、63、280

艺术性
一·6、105、403、430、536，二·136、
三·13、112、115、234、555、565、
576、589、760，六·160，七·118

异化现象
一·318，六·383，七·406

异质文化
七·65、66

异族统治者
一·275、453，三·526、527

译述小说
一·174、583、589，二·174

易卜生主义
三·733

轶事
一·489，三·302、447

意境
一·68、552，二·107、263，三·828、871、884、886、894、908、926、928、931、932、935、936，五·6，八·1、252

意境理论
四·109、110

意识空间
六·184

意识流
一·564，三·465，八·217

意识流手法
一·241、618

意识流小说
一·561，三·358、466

意识世界
六·171、186、227，七·185，八·284

意识形态话语
四·135，七·286

意识哲学
七·184

意象
一·178、252、253、600、602、603、606、610、611、613、614、615，二·62、89、91、94、95、145、146、158、278，三·138、197、286、352、354、360、363、367、378、409、810、813、824、827、836、842、844、881、882、883、884、889、890、891、898、913、918、926、928、930、931、939、948，六·252、255、257、273、335、337，七·448，八·275、276、277、283

意象构成
六·337

因果论
六·339

阴阳论
六·199

音乐艺术
六·40

音乐作品
三·704，六·6，七·388

音韵学
一·261、279、286，三·24，五·10，八·239

殷商文化
八·98、99、101、102、103、104、108、109、110、111、112、115、122、123、124、125、129、130、138

隐逸思想
六·319，七·238

隐喻
一·204、241、389、390、391、392、393、394、395、398、405、418

印度美学
三·904

印度文化
一·140，五·121，七·392

印度哲学
三·904、916

英国小说
八·224

英美文化
五·172，七·260、350、351，八·214、215、216

英雄崇拜
二·24、25，六·115

英雄形象
一·594，三·731

英雄主义
一·156，二·161，三·177、178、184、185、198、211，七·298，八·85、86

影视文化
三·242，七·269、270、271、272，八·230

影视文学
三·440，七·92

影响研究
一·100、560，三·36、37、154、155，八·212

应试教育制度
三·344

庸人哲学
七·272

庸俗社会学
一·82

庸俗唯物论
一·76

庸俗文学
三·426

庸俗现实主义
一·469

游离感
三·617

游牧文化
八·106

游走细胞
一·578

右倾机会主义
三·774

娱乐文化
三·119、204、208、215

愉悦感
一·169、二·278、三·689、843、六·61、66、八·235

宇宙发生论
七·184

宇宙观（宇宙观念）
三·917、918、六·35、179、219、258、273、283、300、301、七·110、169、181、406、八·107、115

宇宙精神
六·270、272

宇宙生成论
三·254、六·162、177、190、七·192

宇宙意志
三·178、184、186、227

语法
一·287、288、289、365、368、392、二·107、224、三·287、802、816、五·36、七·275、八·217

语法规则
二·223、五·175、七·276

语法结构
三·894

语法形式
三·55、803、836

语格
一·369

语根
一·286

语录
一·71、487、三·605、884、七·227

语录化
三·885

语态
一·368

语体形式
三·2、四·40

语尾
一·369

语言本体
五·174、六·287

语言表达方式
一·507、508、七·324、八·212

语言风格
一·66、二·101、三·236、830、八·60、206

语言环境
五·172、175、六·74

语言决定论
五·174

语言生成论
七·192

语言特色
一·586、589，二·197

语言文字学
一·261、287，三·288

语言学
一·287、288、289、365、368、369、389，二·223，三·24、254、288、294，五·36、37、51、66、107、111、152、158、161、174、175、181，六·293、341，八·206、239

语言学理论
一·389，八·206

语言艺术
二·280，七·410，八·280

寓言
一·391，二·203，三·123、227、292、382、391、475、612，六·258、260、262、318、319、321、322、324、328、333、335、338、340、341、343、361、372、375、378、379、385、386、388、390，七·239

寓言故事
六·361、371、380、384

豫剧
八·127

鸳鸯蝴蝶派文学
三·108、120

鸳鸯蝴蝶派小说
三·63、86、130、321、864，五·162，

七·432，八·168、240、284

元文化状态
六·246

原典文献
八·28、29、199、202、203

原动力
一·16、19、20、47、114、183、185、186、253、463、464，三·251、490、494，六·314

原始共产主义社会
七·326

原始积累
七·330

原始文化
三·333，七·269、282，八·266

原始性
三·29、693、699，六·18、19、33、184

原始意象
一·178，三·138

原型批评
一·564

原子技术
六·137，七·368

原罪
一·163，三·173、550，四·161，五·87、91、162

圆形人物
一·564

远古时代
三·501，四·84，六·236

月亮崇拜
三·345

阅读对象
二·245，三·770，四·186，五·171，八·195、196、225

越位思考
六·77

阅读倾向
八·225

韵律
一·410，三·262、905、907

韵文
三·903

Z

杂剧
三·558

灾难意识
三·751

造神运动
一·450

占有权
三·493

战略转移
三·666，四·185，七·347

战术思想
五·79，六·246

战争论
七·196

战争文学
三·699、749、750、751、752、753、754、779

章回体
一·584

章回小说
三·21

哲理诗
三·831

哲理小说
三·448、572

哲学观（哲学观点，哲学观念）
一·75、76、89、392、475，二·48，三·379、386、556、557、861，四·108、109、110、111，五·51、69、82，六·201、219、299、310、354、374

哲学命题
四·98，六·69、221、291、300、330

哲学史家
一·466，六·219、223

哲学意义
四·108，六·265

整体精神
三·506，六·102、103

整体艺术
一·606，三·636、866、889，七·420

正剧
一·239、240、241，三·217、227、228、231、232、233、771、772、931

正面人物
一·196，三·33、411、531、625

正史
一·299、305，三·295、445、479、482、483、493、495、559、569、572、574，四·92、111，六·237，七·247、307

政教合一
六·357、358，七·137，八·175

政体
一·7、122、307、308、309、396，三·516、535，六·147、148、149、151、152，七·32、81、140、146、342、343、346

政治爱国主义
二·251

政治分裂
四·124、125，七·127

政治干预
三·82，七·191

政治观念（政治观点）
一·447、461，三·11、13、203、206、209、326，四·74、78、113，五·7，六·71、73、110、112、114、145、191、334，七·83、245、369

政治集团
三·196、533、534、535、749、752，四·2、126，五·91，六·196，七·138、172、179、374

政治经济体制
四·190

政治经济学
一·440，三·272，四·72，五·104，六·280，七·104

政治联盟
七·385

政治路线
一·533，五·151、158，六·126，八·170

政治伦理学
七·304

政治面貌
八·58

政治民主
三·403、741，四·28、29、30、31、73、74、75，五·44，六·348，七·84、343

政治排斥
三·76

政治派别
一·201、533、544，三·552、785，四·95、161、七·341、371、441

政治权力关系
一·355，四·97、162、182，五·94，六·41、56、77、86、106、117、149、151、160，七·356、357、358、359、360、361、364、365，八·107

政治权力结构
七·163，八·124

政治权益
三·347、426

政治人格
六·64、65

政治任务
三·24

政治身份
四·115，七·376

政治生活
一·95、521，三·411，四·168，六·259，七·302、405

政治实践活动
一·540，四·96，六·51，八·208

政治实体
六·192、194、195、196、197、199，七·206、297、368

政治史
一·30、311，三·247、504、505，四·74、179，七·372、八·67

政治思想史
四·179、182

政治思想体系
一·544，四·104，八·110

政治特权
六·355

政治危机
三·535，四·162，七·302，八·51

政治文化传统
四·2，八·56、123

政治文学
四·167

政治小说
七·371

政治战争
八·53

政治哲学
六·160、372，七·191、192、385

政治制度
一·84、91、138、244、262、263、269、270、289、293、449、526、527、二·275，三·148、486、489、534、四·2、73、169，五·5、7、57，六·21、32、86、123、239、348、349、350，七·5、30、31、32、33、79、80、

112

82、83、84、124、128、145、167、221、300、302、340、342、343、370、371、383、384、386，八·59、74、80、83、99、123、212、219

政治主张
三·516、652，六·95、112、149、157，七·90、116、234、371、373，八·43、82

政治组织
一·298、350，四·74、125，七·223

知觉
一·408，三·179、413

知难行易说
五·70

知青
七·442，八·158

知识分子思想
一·35、203、220，三·459，四·115，六·153、244、245、350、353，七·299，八·120

知识考古学
八·206

知识女性
一·203，三·344、346、364、454、471、777、778、779、780、781、782、783、784、785、787、788、794、795、796、797、798、800，四·58，七·445

织造学
六·347

直接使用价值
七·4、11

直接转移
四·8，六·243

直觉经验
六·282、294、295

直觉论
六·184、189

直译
三·373、810

职业道德
七·107、120

职业革命家
三·715

植物学
四·83，六·237，七·51，八·236、239

殖民文化
三·790

指称
二·222、223、224，三·4、95，四·118，六·163、164、168、172、173、181、190，七·182、184、218、366

指导纲领
一·623

指物论
六·293

113

指向性
三·259，七·302

志怪小说
三·61

志人小说
三·61

志书
一·322

质变
一·36，七·75、88、422，八·124

质量互变规律
一·437

中国本土文化
七·125

中国本位文化
五·63，七·54、100、101

中国比较文学
一·560，二·63，三·154、155

中国出版史
三·120

中国传统观念
一·473

中国传统伦理道德
七·92、339、384、389

中国传统社会
二·188，七·71、265、375

中国传统诗歌
三·910、914、915、916

中国传统思想
一·39、72，七·156、396

中国传统文化
一·114、115、116、117、118、119、120、121、122、125、130、139、223、224、242、243、260、280、345、434、437、438、439、440、446、447、448、449、450、455、551、562、563、603、610、625、627、647，二·17、86、240、251，三·18、55、56、58、63、80、83、89、93、94、160、384、399、401、402、405、441、500、680、692、744、809、941，四·3、11、46、66、84、86、93，五·12、21、24、39、52、60、61、157、161，六·347，七·4、5、6、7、8、10、11、12、14、15、16、17、18、20、34、42、44、46、48、49、50、52、63、67、68、69、70、71、72、75、76、81、82、88、89、90、93、96、97、100、130、132、133、149、155、158、236、246、248、265、292、338、351、353、366、368、371、374、376、377、378、379、383、384、387、398、401、402、410、411、426、447，八·25、26、218、229

中国传统文学
一·618，三·720，七·36、55

中国传统戏剧
三·234，七·411

中国传统小说
三·17，七·73

中国传统学术
五·5

中国传统学术史
八·201

中国传统哲学
五·71，六·223

中国传统政治
四·113，七·300、384

中国当代史
八·191

中国当代文学
一·100、182、497，二·151，三·1、6、7、9、130、312、326、328，五·26、156、171、173、176、177、185，八·97、142、243

中国当代文学史
一·218，三·300、359、760，四·144，五·177，七·420，八·126

中国当代文艺
七·420

中国当代作家
一·497

中国电影
七·431、432、433、437、440、442、449、451，八·231

中国电影界
七·441

中国电影史
七·451

中国电影艺术
七·433、442、451

中国翻译史
二·105，四·113

中国封建社会
一·66、146、430、579，三·276

中国封建意识形态
一·54、55、87

中国革命史
一·260、283、296

中国工人阶级
三·591、592、781

中国古代长篇小说
三·221、229、446

中国古代典籍
三·803，五·113

中国古代服饰
七·388

中国古代绘画
七·388、424、425

中国古代科学技术
七·225、388

中国古代伦理思想
一·467

中国古代美术
二·64，七·388

中国古代散文
三·440、444、811、869，七·387，
八·250

中国古代神话
二·86，三·176、180、181、185、
186、187、192、196、207、217、224、
502，七·308，八·55

中国古代神话传说
一·379、388、390、393、401，三·
222、226、228、229、242，七·64、
181、221

中国古代诗歌
三·207、441、765、802、809、810、
812、858、859、868、870、871、889、
890、891、910，七·387、409，八·
249、251、252

中国古代诗人
一·258，三·815、847、859、868、
872、887、894、899、900、910，四·
108，八·249、253

中国古代史
三·480、536，八·55

中国古代书法
七·422

中国古代思想
五·65，六·193，七·51、128、158、
247、404、407

中国古代思想史
一·277，二·24，四·84、88

中国古代文化
一·113、114、115、117、127、128、
129、132、133、134、137、138、139、
140、141、145、153、257、258、259、
261、263、264、269、274、275、280、
289、308、309、310、439、440、450、
453、454、456、457、458、459、460、
461、462、463、464、465、466、467、
468、469、471、472、474、475、476、
494、571，二·86、87、225、245，
三·20、31、32、34、54、56、57、58、
59、60、63、143、156、158、172、
183、223、226、228、295、333、361、
399、403、428、499、568、679、681、
744、803、804、811、900、934，四·
16、46、81、85、86、90、91、92、
103、111、112、135，五·11、12、17、
19、28、29、30、51、52、53、54、55、
64、71、75、88、105、113、114、115、
118、120、121、129、140、151、152、
157、160、161、164、166、169、170，
六·347，七·19、48、49、55、58、
62、71、88、94、100、101、102、124、
129、153、154、159、180、194、195、
204、222、225、226、246、249、253、
258、259、261、262、268、294、309、
350、351、352、364、379、380、382、
390、395、397、398、399、400、402、
406、407、410、422、448、451，八·
23、56、69、114、151、152、178、
193、195、266

中国古代文化史
一·269、277、282、295，四·110、
111、112，五·53、105、106、107、

108、114、115，八·47、113

中国古代文论
三·892，八·233、235、237

中国古代文献学
八·27、204

中国古代文学
一·278、337、475，二·64，三·5、20、38、95、96、103、109、115、117、119、122、128、223、228、320、321、361、444、567、701、807、811，四·88、91、109、182，五·158、161、176，六·344，七·158、408、410，八·61、193、241

中国古代文学史
二·64，三·38、44、49、62、107、112、114、115、131、147、150、181、297、764、803，四·83、91、109、167，五·152

中国古代戏剧
三·216、217、220、805、806，七·387、388、413、415

中国古代小说
一·261、322、375、379、399、400，二·86，三·28、61、218、226、451、480、489、553、709，四·3、85、88、110、134，五·30、33、47，七·387、410、411

中国古代小说史
一·615，三·479

中国古代叙事文学
三·181

中国古代学术
一·306，四·1、68、84、103、131、132、133，五·51、118、169

中国古代艺术
六·344

中国古代音乐
七·388

中国古代哲学
一·467，三·379，五·64、71、73、152，六·161、311，七·291、387，八·191

中国古代哲学史
一·268，七·291

中国古代政治制度
三·534

中国古代自然科学
六·264、265

中国古典美学
三·383

中国古典诗歌
三·442、890、896、901、909、914

中国古典文学
一·69、529、638，二·113，三·1、2、6、7、17、20、22、52、59、321、371、392，四·130、199，七·92，八·17、242

117

中国古典文学研究
一·528、563，三·152，八·241

中国古典戏曲
三·774

中国古典小说
一·1、2、11、64，三·382、483、553、634，四·134

中国化
一·72，三·195、744、七·74、216，八·152、207、208、209、210、211、212、213、217、218

中国画
七·388、396、401、402、424、425、426

中国绘画艺术
七·424

中国教育史
一·572

中国近代科学
七·338、339

中国近代史
三·544，五·2，七·84、389，八·67

中国近代思想史
一·462

中国近代文化
四·50，七·33、381、382

中国近代文学
一·99、100、101，三·1、6、7

中国近现代史
七·8、10、391，八·70、90、136

中国近现代文学
一·100、110，三·122，八·67、85、200

中国历史文献学
八·199

中国历史学
一·244，三·485

中国马克思主义理论
五·44

中国马克思主义史学
三·523，五·76

中国美学史
五·6

中国民族资产阶级
一·83、225、236

中国女性文学
三·337、340、343、348、777、779、785、799，八·18、149、152、153、154、155、157、158、185、270、272

中国女性主义
八·185

中国散文
三·809、834

中国上古史
一·268

中国社会结构
六·299，七·374、375

中国社会文化
一·290、309、313、332、471，二·13，三·326、436、525，四·18、44、47、48、50、52、54、55、62、65、82、84、96、98、99、100、116、118、125、154，六·347、七·241、262、265、348，八·160

中国社会转型
三·799

中国诗歌发展史
三·867，八·248

中国诗论
七·425

中国诗史
三·197

中国诗坛
三·366、900

中国书法艺术
七·422、423

中国思想史
一·280、545、615，二·24、222，三·263、389、六·70、240、七·88、291、292、293

中国文化名人
三·681，七·353、354

中国文化史
一·281、296、520、545、549，二·223，三·87、242、314、491、744，四·93、126、174、五·107、六·252、265、七·87、88、152、159、292、293、417，八·54、60、72、205、217

中国文化研究
一·264、494，二·86、三·157，五·69、105、109、165、170、七·378、395，八·216

中国文化艺术
七·422

中国文坛
一·10、183、267、569，二·151，三·30、84、370、785、817、855，四·150，八·132

中国文献学
八·198

中国文学传统
三·42，八·257

中国文学理论
八·256、257

中国文学批评
三·328、331

中国文学批评史
四·109

中国文学史
一·25、191、371、549、581、600，三·1、6、7、59、61、62、84、191、

119

205、219、481、510、561、755、762、四·167、七·64、152、八·63、217、244

中国文学文献学
八·199

中国文学研究
一·99、561、564、三·1、38、87、129、153、154、231、332、349、四·109、181、五·152、166、八·207、213、265

中国文言诗文
三·804、七·408、409

中国文艺复兴
四·138、八·181

中国文字学史
一·273

中国无产阶级文学
三·27、730

中国无政府主义
八·74

中国戏剧
三·208、214、220、226、六·154、七·412、418、419

中国现代短篇小说
一·220，三·440、443、447、450、455、467

中国现代革命史
三·725

中国现代科学技术
七·388

中国现代美学
三·86

中国现代散文史
二·105，三·143

中国现代诗歌
三·412、801、807、809、812、819、828、833、834、835、837、839、847、854、861、863、866、878、七·387、409

中国现代诗歌史
三·812、816、828、830、849、851

中国现代史
一·340、471、555、645、二·38、49、60、三·12、427、591、710、831、876、五·65、153，八·67

中国现代思想史
一·447、462、645，七·445

中国现代文明
七·195

中国现代文学发展史
三·109、702

中国现代文学理论
三·244

中国现代文学批评
三·314、320、321、322、331、725、八·199

中国现代文学史

一·182、183、208、337、342、523、588，二·45、85、92、93、96、121、141、222，三·3、4、12、17、34、38、44、55、56、59、62、68、69、70、72、73、75、76、77、79、81、85、86、87、96、99、101、104、107、109、110、112、114、115、128、130、131、133、137、143、147、150、238、297、298、299、300、301、304、307、308、313、315、326、331、338、342、359、367、370、385、387、392、427、428、430、442、443、444、458、462、470、476、486、498、503、520、521、539、543、567、571、573、677、699、722、724、725、726、729、757、769、770、776、800、808、814、876，四·130、135、137、144、148、158、160、161、162、163、164、165、166、167、168、169、177、178、183、184、199，五·40、105、150、151、152、153、154、155、156、163、176、177，七·444、445，八·29、67、90、126、157、222、270

中国现代文学文献学

八·27、28、198、200、201、202、204

中国现代文学研究

一·28、492，三·8、52、53、54、67、68、69、70、71、75、76、78、79、81、82、83、98、117、120、121、128、129、130、133、134、135、152、301、302、307、714、725、726、728、738、756，四·129、130、131、134、135、142、143、148、153、154、155、156、157、158、159、160、161、162、163、164、165、166、167、168、169、170、171、172、173、174、175、176、177、178、179、180、181、182、183、184、185、186、187、190、191，五·40、150、151、152、153、154、156、158、159、160、161、164、166、177，八·9、193、198、204、219

中国现代文艺

二·10，三·744、747，四·130、155，七·41

中国现代小说

一·2、155、159、181、323、385、582，二·116，三·231、446、457、465、484、496、498、572、634、704，四·18，五·30，七·387

中国现代小说史

一·155、168、220，二·41，三·465、472、546、709、725

中国现代新诗

二·92，三·813、830、833、835、847、868、875、876、877，八·249

中国现代语法

一·287

中国现代哲学

五·70，七·387

中国现代哲学史

五·51

中国现代主义文学

三·349、350、351、352、353、354、356、359、366、370、373、374、376、381、382、383、384、385、386、387、389、391、392、394、395、416、423、

427、434、435

中国现当代文学
一·182、218，三·58、83、86、108、122、154、231、244、351、362、385、425、756、759、760、867，四·83、五·26、177、七·35、36、379、408、444，八·73、87、221、248、283、285

中国现当代文学史
一·347，三·109、244、701、755、五·30、105、114

中国现当代小说
一·219、374、394

中国小说发展史
一·586，三·60、62

中国小说史
一·1、25、26、99、322、323、324、394、579、581、615，三·20、62、五·27、30

中国新诗发展史
三·923

中国新文学史
一·523，二·64，三·746

中国学术
一·258、280、368、625、646，二·63，三·117、172，四·1、2、5、6、7、8、9、67、71、82、138、139、175、182、184，五·1、2、5、8、13、23、27、50、51、53、69、72、75、76、100、102、103、105、108、109、111、112、115、116、117、119、121、124、125、126、128、137、139、140、141、148、149、150、158、167、168、169、170、172，六·43、七·271、八·30、93、161

中国学术史
一·267、283、296、311，四·84、149，五·26、36，七·152，八·201

中国雅文化
三·161、163、204、211、212、213，五·77、170，七·269、411、421

中国印刷术
八·77

中国哲学史
一·267、645，六·255、265，七·64、291

中国哲学史研究
七·291

中国哲学思想
六·219

中国政治史
一·311，七·96

中华民国宪法
七·386

中华民族传统文化
三·941

中华文化
三·933、948，五·171、172、173、177、183，八·54

中华文学
五·178

中间人物论
三·386，五·157

中体西用论
七·101

中西融合
七·16、17、18、19、21、24、388、396、398

中央集权制
一·269、270、271、272、279、280、284、289，七·57、58、59、60、61、62，八·46

中央政权
三·675，八·130

中庸
一·45、88、592、618，三·65、192、666、676、677、791、852，五·30、48、133，六·47、48、49、50，七·149、228

中庸之道
三·24，五·162，六·47、369

中原文化
八·98

中原政权
三·526

忠孝观念
三·496

终极真理
一·34、430，六·314

种系发生学
一·472

种族
三·334、494、539、540、541，五·12，七·45，八·16、267

主观价值
六·363

主观能动性
一·78，三·418、880，六·60，七·113、117、118、120、122

主观倾向性
一·537

主观世界
一·79、295，二·94，三·246、247，六·263

主观体验
二·271，三·337

主观唯心主义
一·75、466、469、473、474、545，六·105、109、162、180

主观意志论
四·108、110

主观主义
一·296、306、308、309、310、312，八·170

主流文化

一·523、526、527、528、638，二·99，三·461、466、665、667、668、669、670、671、672、676、755，七·284、433、434，八·107、108、112、132、230

主流文艺

五·156

主流意识形态

三·339、732，四·135、142、155、186，五·87，七·342，八·71、107、112、115、116、119、126、129、138、141、142、188、191、192、271

主色调

二·198

主题

一·6、9、10、13、14、15、18、19、20、21、24、160、161、169、170、173、186、201、232、233、236、237、367、373、380、405、422、432、575、576、579、581、586、589、592、593、619、623，二·38、107、114、163、164、181、228、275、276，三·10、123、137、138、143、197、200、204、255、258、275、285、351、352、357、363、364、372、383、409、448、457、466、510、512、525、527、539、555、560、571、598、610、634、700、701、731、772、782、794、795、824、833、868、929、930、931，六·259、269、七·245、449、450，八·31、249

主体感受

一·238、241、344，三·47、339、352、353、361，五·155，八·271

主体价值

三·745，七·97

主体论

六·123、125、127、138、146、148、149、151、152、266

主体世界

六·172、208

主体文化

三·427，四·110，七·125、127、128、129、130、131、433

主要矛盾

一·228、575，三·436、437、548、581、588、589、773

主要人物

一·12、25、49、61、62、376、378、383、405、575、585，三·217、449、451、483、545、546、572、603、799

著作权

一·326

专访

八·243

专题

三·39，八·9

专制政权

一·345，五·78，七·60、227、231、232、233

专制主义统治
三·561，七·435

转喻
一·389

追叙
一·397

资本积累
七·330

资本主义工商业
一·6、41、192、226、236、237、238、239，三·15、419、745、915，七·26、29、30、31、57、61、371

资本主义化
一·215，八·80

资本主义经济
一·445，三·579、720，四·29，七·58、59、331

资本主义社会
一·8、9、33、84、435、436、445，三·26、27、325、580、589、720，五·76，六·354，七·58、430、431、433、434，八·76、78、79、80、81、84

资本主义世界
七·331，八·81

资本主义文化
三·720，五·76，六·354，七·33、284、331、428、429、433，八·214

资本主义意识形态
七·287，八·81

资本主义制度
一·19，三·398，五·76，七·31、284、287，八·81

资产阶级道德
三·579

资产阶级革命者
一·619

资产阶级民主
一·20、34、293、427、438、445，三·15、16、27、28、915，六·347，七·30、32、50、342，八·194

资产阶级民主革命
一·6

资产阶级民主主义革命
三·730

资产阶级人性论
四·150，六·101

资产阶级社会
一·82，五·76

资产阶级思想
一·85、86、113、536，二·77、160，三·15、27、30、591、730，四·3，七·30、331

资产阶级文学
三·4、15、130、730

资产阶级意识形态
三·26、27、592

资产阶级专政
七·287

自然本体
六·378

自然崇拜
六·35，七·285

自然界
二·253，三·248、249、907、910，六·222、273、331、338、七·27、50、139

自然科学
一·75、76、77、78、124、125、131、144、261、293、438、454、455、456、457、458、460、462、463、464、467、468、517、563，二·208、238、245，三·249、256、276、441、711、835，四·30、67、83、88、92、135，五·51、72、108、109、114、133、148，六·105、180、209、264、265、317、333，七·4、9、11、12、19、27、28、29、46、47、48、50、54、55、60、62、67、69、71、84、105、128、204、205、212、221、223、224、281、339、341、342、343、344、380、407，八·78、167、168、175、239

自然科学唯物主义
一·78

自然伦理关系
八·151

自然美感
三·878

自然权力
三·184

自然系统
七·44、63

自然现象
三·296、906，六·165、335、337，七·27

自然灾害
一·299，三·505，六·20，七·62、71

自然哲学
七·184、186、191

自然主义
一·3、164、165、233、241、242、599，二·40、62、63，三·64、323、362、363、457、550、551、572，四·29，七·37、40，八·181

自我对象化
一·374，六·342

自我价值
三·707，七·138

自我中心主义
七·15

自叙传
二·80，八·10

自由论
一·467，六·266、341、346、351

自由诗
二·99，三·206、818、819、876，八·275

自由体
一·258，三·766

自由意志论
五·70，六·351

自由主义文学
三·126

自由主义者
二·100、124，三·419、722，四·159、171、186、187、188

自传体小说
二·139

宗法观念
七·265

宗法制
一·216、217，三·923，六·19、49，七·56、265

宗法制度
六·20、49

宗教
一·17、36、82、84、95、117、163、164、392、426、441、443、551、554、611，二·46、47、48、49、94、153、189，三·19、117、194、195、246、294、356、363、364、382、412、418、448、450、451、460、495、514、534、539、540、541、720、794、877、878、944，四·29、37、38、76、104，五·13、131、136、148，六·2、278，七·26、27、28、29、30、53、71、75、85、105、141、142、181、201、209、211、214、219、231、248、249、253、267、268、269、327、328、336、366、379、406、407、430，八·74、76、77、89、102、104、122、174、175

宗教改革
七·83、261、380

宗教观念
一·457，三·10，七·210

宗教绘画
七·207

宗教建筑
七·207

宗教教义
四·131，七·85，八·77

宗教教育
三·550、690，八·174

宗教戒律
七·207

宗教精神
三·944，七·344

宗教伦理
七·429，八·175

宗教色彩
三·878，八·104

宗教神学
一·7、33、40、113、132、146、151、152、153、337、457、462，二·47、175、176，三·194、199、384、417、418、492，四·28、83，五·76，六·2、97、98、350、355，七·26、28、83、249、283、287、339、344、380，八·75、77、153、175、177

宗教文化
三·534，七·207、210、211，八·103、122、176

宗教信仰自由
七·253

宗教仪式
七·207、379

宗教艺术
三·944，七·379

宗教意识
二·156，三·363、366、376、710、712，五·87，七·248、267、269、272、284，八·115

宗教组织
四·29，七·379

宗主国
五·87、154

宗族观念
七·272

综合效应
三·837

综合性文献学
八·198

综合艺术
七·411、414、425

纵欲主义
一·7、164，七·299

租佃制
七·57

祖先崇拜
六·37

最低纲领
三·650

最高纲领
三·650，八·159

尊卑观念
六·122、346

左翼理论家
三·77、731

左翼诗歌
三·836、841、844、856

左翼文学
一·159、346、353、358、363，二·135、136，三·63、69、70、71、73、79、171、239、297、370、373、416、431、438、662、663、664、670、674、

677、683、684、687、695、698、724、725、732、733、734、735、736、737、738、742、746、756、757、785、837、855，五·156、157、159，六·359，八·144、185、246、281

左翼文学阵营
一·353、363，三·416、677、684、727、863

左翼小说
三·433、434

左翼阵线
三·855

作用力
一·212、225，三·88、915

国家、民族、地名类

A

阿尔泰山
一·16

阿拉伯
一·139

埃及
一·4、139

爱辉县
四·139

安徽
三·676，八·91

安庆
三·510

安阳
五·66，八·88、93

鞍山
八·89

奥地利
一·8

B

巴尔干
一·24

巴格达
三·749

巴黎
一·9，二·22，三·849，五·117

白俄
三·829

半坡
七·2

半坡遗址
二·142

北碚
二·269

北冰洋
三·890、891

北狄
六·140

北京（北平）
一·546、567、569、570、571、572、573、574、624、630，二·2、11、48、50、57、86、90、113、116、117、121、122、123、143、148、159、192、268、三·13、34、463、464、503、656、689、713、714、715、716、718、725、743、749、827，四·120、129、139、146、150、151、192、197、201、204、213、214、215、216，五·13、154，七·349、351、356，八·88、89、90、91、92、93、95、104、131、168、260、264、273、286、287

北欧
一·4、109、141，三·69，五·159、七·260、289、445，八·225

避暑山庄
六·133

波兰
一·24，三·495、649、873，五·25，八·139、254

柏林
五·117

波斯
一·139、140

朝鲜
八·132

潮阳
八·116

潮州
八·116

成都
一·214，三·178、549

茌平县（茌平）
四·204，八·88

重庆
二·268、269，三·658、659，八·90

崇山
六·140

楚国
三·186，六·123

C

长江
三·283、415、666、716、888、896、897

D

大清帝国（大清王朝）
二·117、168

大庆
八·89

大堰河
三·379、847、848、849

大雁塔
二·142

大泽乡
二·214

大寨
八·90、93

丹麦
三·493、494

德国（德意志）
一·3、88、113、141、293、438、471，二·1，三·14、37、38、41、69、493、595、873，四·34，五·81，七·380、434，八·139

迪士尼乐园
六·134

东北三省（东三省）
二·251，三·649、675、676、682、698

东北亚
三·753

东海
三·176、177、178、526

东汉
一·273，二·46，七·141、214

东京
一·594，三·709

东欧
一·4、109、141、584、585，五·159，七·289、445，八·225

东亚
三·752

东夷
八·104、106、121

敦煌
五·107，八·89

E

俄罗斯
一·10、16、22、589，二·141，三·873，五·159，七·289，八·140、145、225、254

俄罗斯民族
三·753

阿房宫
三·680，七·221

F

法国
一·9、15、225、293、438、461，三·28、69、154、248、495、622、711，四·73，五·81，七·28、30、127、342，八·153、212

法兰西
二·225，三·873，四·64，六·9，七·279，八·254

非洲
一·140，七·288

福建
二·46、48，八·92

抚顺
八·89

G

港澳地区
五·85、86、87、154

高加索山
三·179

高密
七·222

高唐县
八·88、129

革命根据地
七·126，八·260

古代雅典
三·472

古印度
七·219

古希腊
一·120、121、122、141、142、143、144、146、151、152、153、553，二·12，三·179、181、182、183、185、186、189、194、198、199、202、204、215、216、222、226、363、491、589，四·32、35，五·109，六·134、147、196、202、282、301、302、338、412、

八·18、55、61、153、257

关东
八·89

广东
一·344，八·89、90、92、104、139、141、169

广西
八·89、90

广州
一·341、567、574，三·131，八·89、131、165、166、167、168、169

桂林
三·798，八·89

贵州
二·143，八·89、90、287

H

哈尔滨
二·90，三·828，四·202，八·89

邯郸
八·93

汉口
一·184，二·268

汉王朝
一·271，三·221，七·137、180、216

杭州
一·456，二·192，八·89

133

河北

八·88、92、93、98、103

河南

三·714，五·66，八·88、92、93、95、97、98、100、101、105、106、113、117、122、127、129、130、131、132、133、134、136、138、139、140、141、142、144、145

黑龙江

一·16，三·716，四·139

湖北

一·184，八·90、104

湖南

五·154，八·90、92

虎丘

四·203

J

济南

三·714，四·195，八·88

嘉陵江

三·661

江苏

八·91、131、139

江西

八·90

胶东地区

八·129

胶西

七·222

金门

八·92

金字塔

三·816、887

井冈山

七·432，八·90、160

井冈山革命根据地

七·127

K

开封

八·93、97

康桥

三·413

科尔沁旗草原

三·626、628、629、630、632、633、634、635、636、637、639、640、641、642、643、644、645、646、647、649、651、652、655、657、659、660

昆明

二·86，三·786，八·90

L

兰考县

八·93

老君洞
三·661

乐山
八·93

雷泽
七·301

历山
七·301

良渚
七·63

聊城
二·71，三·34，四·126，八·88、127

列宁格勒
一·98

临清
四·194

卢浮宫
一·493

庐山
三·70，七·157

鲁国
六·6、18、55，八·106

鲁镇
一·384、398、404、405、413、414、415、416、417、418、419、421、422、586，三·174、811，七·321

伦敦
二·21

洛阳
三·892，六·231，八·93、97、99

M

马家浜
七·63

马嵬坡
三·291

马祖
八·92

满族
二·118、120、123、251，三·464

茂陵
二·142

美洲
五·164

蒙古
一·130

密西西比河
三·816

缅甸
二·47

苗族
三·786

鸣沙山
八·89

莫斯科
一·98、99，三·784

N

南京
一·109、283、452、471、567，二·102，三·552、714、715，八·91

内蒙古（内蒙古自治区）
二·143，八·88

纽约
一·232，八·89

P

平原省
八·88、129

Q

齐地
八·88、129

齐国
八·130

前清
四·107

钱塘江
七·446

秦国
七·137、178、180

青海
二·143

清华园
二·54

曲阜
二·20

R

热河
二·19

S

三国（三国时期）
一·12，三·897

山东（山东省）
二·71、72、73、254，四·126、138、193、199、216，八·88、89、90、92、98、104、120、121、126、129、130、131

山东半岛
八·103

山海关
七·226

山西（山西省）
八·88、90、93、97、104

陕北
一·185

陕北革命根据地
二·32，三·770

陕甘宁边区
三·770

陕西（陕西省）
二·143，四·199，八·90、97、103、104、132

汕头
四·214，八·26、220、244

商朝
一·267

韶山
八·93

绍兴
一·299、434、456，二·192，八·93

深圳
八·90

史家胡同
四·209

首阳山
六·90

寿丘
七·301

寿张县
八·129

水泊梁山
八·41

斯巴达
一·144，八·111、123

四川
二·269，三·544、547、548、549，八·90、104、131

四川盆地
三·816

苏门答腊
二·30

绥远
二·19

T

太行山
三·764、910

太平天国
五·77，八·89

太平洋
三·891、911

泰山
二·71，六·74、291、307，八·286

滕国
六·131

天津
二·143，四·150，八·88、92

铁岭
三·646、647、648、649、651

桐城
二·17

W

万里长城
三·887，四·190

文登县
八·92

乌克兰
三·873，八·254

巫峡
三·415、892

吴国
六·55

武汉
三·714，八·90

武汉长江大桥
三·415

X

西安
二·142、143、144、145、149，四·129、136、197、198、199、201、205、213，八·97

西班牙
八·37、224

西伯利亚
一·16、17

西湖
一·583，三·431，七·1、157，八·89

西欧
一·6、10、17、22、33、40，三·15，七·58、59、260

西夷
六·140

西藏
八·88

希腊
一·334，三·649、715、829，七·27

昔阳县
八·90

厦门
一·567、570、571、574，八·168

仙台
一·161

香港（香港地区）
一·521，二·268，三·11、555、699、867，五·86、87、159，八·248

小雁塔
二·142

新加坡
一·99

新疆
二·143，八·88

新乡（新乡市）
八·88、93

匈牙利
三·873，八·254

Y

雅典
一·144，八·111、123

延安（延安地区）
三·718、755、770，七·432，八·90、93、126、260、261

耶路撒冷
一·140

伊拉克
三·749

宜昌
一·204

颐和园
六·133

以色列
一·140

意大利
三·6、21、495、873，八·139、254

殷墟
五·66，八·93

印地安人
五·164

英吉利
二·225，三·873，四·15、64，六·9，七·279，八·254

瀛洲
三·888

幽州
六·140

羽山
六·140

云南
八·89

Z

漳州
八·246

浙江（浙江省）
一·233，二·192，三·676，八·91、131、139

郑国
八·101

郑州
八·93

智利
三·873，八·254

中央苏区
二·32

珠江
三·716

涿鹿
七·295

遵义
八·90

人名类

A

阿Q
一·12、13、29、31、38、51、52、55、59、60、120、169、173、192、217、224、238、362、376、390、398、430、455、477、481、504、524、525、527、546、561、562、563、593，二·170、213，三·13、33、45、169、229、251、264、274、358、360、361、375、383、443、462、474、745、747、811，四·169，六·5、53、307，七·52、238、241、252、253、255、431、445，八·4、44

阿尔志跋绥夫
一·71，二·39，三·125

阿甘
七·431

阿拉贡
一·103

阿里斯托芬
三·491

阿英
三·896，八·67

埃斯库罗斯
三·179、491，七·360

艾德林
一·100

艾金昂伯尔
三·43

艾略特
三·366、928

艾米莉（艾米莉·勃朗特）
三·340、346，八·153、272

艾青
二·95、117、125，三·68、72、106、135、169、323、378、379、383、386、434、664、719、727、801、847、848、849、850、856、858、861、866，四·156，五·101、105、154、156、157，七·409、419，八·196、261

艾思奇
一·641，五·75、77

艾芜
二·139、140、141，三·422、459、460

141

艾晓明
四·209

爱迪生
二·5，七·399

爱罗先珂
一·13

爱森斯坦
七·438

爱因斯坦
一·492、517，二·81，六·280，七·118、218、223、276、309、339、380、393、399，八·96

安德烈耶夫
一·4

安特莱夫
一·71、81，二·39，三·367、371、622

安徒生
三·293，八·94

奥勃洛摩夫
三·45

奥古斯丁·梯也里
三·494

奥尼尔
三·28、106、374、429，七·418

奥斯特洛夫斯基
一·477，二·131，八·224

奥斯汀（简·奥斯汀）
一·480，三·364，八·153

B

巴比塞
一·71、103，三·622

巴尔扎克
一·8、9、10、22、192、350、480、640、645，二·40、41，三·11、45、56、60、106、118、200、247、248、249、251、255、256、264、272、350、361、364、376、419、443、456、546、577、611、709，七·360、393、429，八·62、81、94、240

巴赫金
一·378

巴金
一·159、371、477、522、640，二·124、127、128、130、131，三·4、28、58、68、71、72、124、125、126、236、278、374、375、376、394、423、464、579、631、634、711、712、729、767、869，五·84、105、154，七·355、419、442，八·14、37、87、90、243、250

巴枯宁
八·82、83

巴尼萨德尔
二·165

巴人
一·85，三·386，四·198

白璧德
二·100、101、102，三·30、58、92、320、402、721、723，四·11、14、15、16、17、18、19、21、22、23、25、26、28、29、30、31、32、35、38、39、49，五·65

白圭
六·132

白居易
一·139，二·260、261、262、263、264，三·195、196、198、212、290、297、762、765、810、812、847、858、889，五·122，六·208，八·25、232

白流苏
三·413

白先勇
五·88、175

白杨
五·105

柏格森
一·263，三·406、465，五·41、58、70、82，七·28

柏拉图
一·163，二·223、275，三·180、262、269、491，四·18、131，六·9、334、335、337，七·128、150、329、393，八·21、55、195、257

拜伦
一·4、44、110、313、333、334、466、589，二·95，三·21、37、38、48、

252、264、323、365、410、419、469、495、812、815、816、825、919，五·82、156，七·360、393，八·62、81、82

班固
一·271、272、273、472，三·481，六·309

半壁楼主
三·486

包法利夫人
八·156

包文棣
三·556

包拯
二·162、216，七·419

包子衍
四·195

鲍桑葵
六·354

北岛
三·850，八·196

贝多芬
一·493，七·393，八·254

贝克莱
一·467，八·21

彼得洛夫
一·100

彼特拉克
七·26，八·153

比干
八·113、116、127

毕达哥拉斯
七·223、338

毕加索
三·382

卞之琳
三·369、662、714、716、725、840、843、844、885

别林斯基
一·17、108，二·79，三·113

冰心
一·44，二·45、50、51、58、59、62、110、111，三·12、71、137、140、364、453、454、466、470、784、786、812、813、814、815、816、862、863、875、876、877、878、879、880、881、882、883、884、885、943、946、947、948，四·204，五·154，七·352，八·15、16、155

波尔
三·490

波普里希钦
一·597

波特莱尔
三·367、368、419、429、815、829、928

伯禽
八·100、106

伯夷
一·242、401，三·505、513，四·107，六·46、74、75、90、139、153，七·208

勃兰兑斯
一·81，三·493、494

勃朗特（夏绿蒂·勃郎特，夏·勃朗特，夏洛蒂·勃朗特）
一·480，三·200、364、789，八·148、153、156、272

勃洛克
三·838

博古
四·124，五·80

卜伽丘（薄伽丘）
一·22、103，五·45、80，七·26、61、393

布尔迪厄
八·167、168、169

布封
三·248

布留尔
三·290

布鲁诺
一·457，五·133，六·66、355，七·26、61、282、338

布瓦洛
七·41

C

蔡东藩
三·486

蔡锷
四·103

蔡京
七·318

蔡叔
六·26，八·99、106

蔡文姬
三·776、八·14、150

蔡仪
一·642，三·98、325、440、520

蔡元放
三·483

蔡元培
一·630，二·1、2、5，三·6、87、427、830、831，四·2、5、25、40、41、46、55、56、187，五·96、109、110、117，七·53、86，八·91

曹操
一·12，三·192、194、212、221、889、910，七·393

曹革成
三·628

曹靖华
一·17，二·63，五·109，七·40

曹聚仁
三·520、522、523、527、534，五·13，六·266

曹七巧
三·382、383，七·318

曹雪芹
一·104、370、430、445，二·17、80、148，三·90、107、166、221、222、223、225、226、227、229、255、257、263、272、276、278、281、315、319、336、339、342、443、445、446、622、623、628、634、700、701、705、712，四·92，五·45、100、122、156，六·264、285、345、七·60、61、272、309、322、360、378、389、390、393、411、440，八·13、14、164、183、205、226、232、269、271、278、279

曹禺
一·212、371、647，二·112、124、130，三·4、28、68、71、72、143、162、196、233、234、341、342、374、383、394、397、413、423、429、576、577、580、583、584、587、588、592、593、594、597、598、599、600、601、602、603、605、606、607、610、611、612、613、614、615、616、617、618、619、725、729、767、772、773、869，五·84、105、154、162，七·355、419、433、442、450，八·12、14、17、90、157、218、250

草婴
五·109

岑参
三·197、473、622、892,六·208

查尔斯·艾勃
一·100

查尔斯·范多伦
三·180

柴可夫斯基
七·393

嫦娥
一·172、388、398,三·504、506、508,八·230

长谷川
一·3

车尔尼雪夫斯基
一·17、108、594,二·79

陈安湖
一·434

陈白尘
四·129、130

陈白露
三·602、603、604、605、608、609、611、612、613、614、615、616、619,八·14、157

陈布雷
五·90

陈达
五·72

陈登科
七·439

陈第
五·68

陈独秀
一·71、73、87、89、159、244、319、485、550,二·1、2、3、4、5、7、8、9、16、17、21、63、82、99、135、218,三·3、4、64、70、71、87、108、120、121、229、313、337、344、392、395、427、431、432、441、446、447、486、487、488、489、490、680、681、717、733、734、745、880,四·2、5、11、15、17、18、23、25、38、39、40、41、44、46、47、52、55、56、71、72、94、119、120、121、123、124、126、140、187、204,五·29、37、38、39、40、42、50、64、74、80、82、154、155、162、178、179,七·36、38、83、91、126、156、244、289、336、337、344、345、350、355、357、374、387、394、432,八·4、33、70、86、91、170、270

陈福康
四·209

陈福田
五·72

陈鼓应
四·131,六·371、374、377、388

陈国梁
三·791

陈衡哲
八·155

陈焕章
五·13

陈继儒
三·483

陈嘉庚
一·571、572、573

陈敬容
三·857

陈凯歌
七·439、450

陈梦韶
一·522

陈平原
一·311、367、368，三·1、5、7、84，五·13、18、19

陈铨
三·237

陈涉（陈胜）
一·301，二·214，三·415、521、668

陈深
六·388

陈士成
一·179、197、376

陈瘦竹
四·129

陈司败
六·55

陈思和
三·104

陈抟
一·403

陈文子
六·83、91

陈西滢
一·320、338、359、525、532，三·76、132、289、734，四·78，八·162、172

陈序经
二·246，四·46，五·63、85、86，七·100、394、395、396

陈学超
四·209

陈仪
一·335

陈寅恪
一·494，二·244，四·86，五·65、72、139，八·70

陈永贵
八·90、93

陈涌
一·20、423、426、427、428、429、431、432、433、434、440、490、524、546、639，三·129、325，四·145、198

陈源
一·320、323、326，二·55、104

陈忠实
八·97

陈子昂
三·197、303、889

陈子展
三·128、520

谌容
三·345，八·16

成仿吾
一·160、289、337、598、599，二·30、31、32、33、34、36、40、63，三·10、734、735，四·6，五·75，八·89、162

成吉思汗
七·247

成玄英
四·131，六·341、342、369、377、385、388

程颢
六·47，八·117、119

程咬金
一·12

程颐
六·47、91、145、383，八·117、119

迟桂花
三·477，八·262

厨川白村
一·71、561

春桃
三·477，八·157

淳于髡
六·232，八·119

茨威格
一·8、81，七·429

慈禧太后
三·548、777，七·232、245，八·150

丛枝
六·237

崔子
六·83

D

达尔文
一·70、71、72、154、249、471、472，二·241、250，三·18、19、490，五·

24，七·223

达·芬奇
一·561，七·380

妲己
三·777

大禹
一·242、299、300、388，三·480，
六·109，七·45、221

戴东原
一·180，三·511、512

戴季陶
五·70

戴望舒
一·493、559，二·53、63，三·68、
73、106、297、369、662、664、672、
673、674、756、801、840、841、842、
844、851、852、861，四·156，七·
409

戴震
五·10

丹柯
四·145

丹钦科
一·643

但丁
一·4，三·6、264、281、630、712、
812、873、928，五·80、156，七·26、
61、360、393，八·62、196、211、

226、254

岛崎藤村
一·3

德莱登
三·180

德莱塞
一·192、480，三·364，五·165

德里达
八·165

邓小平
四·190，七·333，八·90、91、170

邓友梅
三·386

邓中夏
三·4

狄德罗
七·32，八·153

狄更斯
一·8、9、10、22、470、480，三·21、
29、118、364、611、709、711，七·
429，八·81、224

笛卡尔
一·467，四·87、99，七·28、339，
八·174

丁景唐
一·522

丁玲
二·111、117、125，三·29、31、68、
72、135、173、299、338、341、346、
372、386、423、429、439、444、466、
467、470、664、718、719、727、736、
759、767、780、782、785、800、815、
四·156、168，五·94、101、105、
154、156、七·40、439、八·10、11、
22、127、156、157、228、261、270

丁文江
五·70

丁晏
七·367

丁毅
三·439

豆腐西施
一·178，二·185、186、187、190、
192、193、194，七·237

董仲舒
一·269、270、278，三·187、212、
339、四·14、50、66、132，五·56、
六·317、七·6、52、53、137、180、
227、228、230、231、393、403、411、
八·46、113、114、115、117、120、
121、122、123、124、126、271

董作宾
一·287，五·66

都德
一·15，三·753

杜勃罗留波夫
一·17、108、643，二·79，三·576、
八·226

杜甫
一·139、248、641，二·17、26，三·
21、59、106、108、164、197、198、
206、207、211、212、252、263、276、
286、287、297、301、305、339、623、
765、810、812、830、831、847、858、
860、892、897、898、928，五·30、
45、122、130、156，六·208，七·
360、390、393、400、410，八·25、
116、117、126、134、196、205、232、
271、279、283

杜国庠
七·194

杜浒
三·530

杜林
一·430

杜十娘
一·582

杜威
一·247、248、264、302、312、646，
三·92、682、733，四·12、14、22、
26、28、30、32、36、47、60、62、63、
84、86、87、88，五·42、51、65、
117、七·350、393、445，八·165

杜维明
三·395，七·350

杜惜冰
三·486

杜荀鹤
三·197

杜亚泉
七·49

杜预
六·377

杜竹斋
一·221

端木蕻良
三·341、459、556、620、623、624、625、626、627、628、629、630、631、632、634、635、636、637、639、640、642、643、644、645、646、647、648、650、651、652、653、655、656、657、658、659、660、663、695、696、697、698、700、701、703

段祺瑞
一·320、569、570、574、三·75、289、四·79

段玉裁
一·286，四·134

E

俄狄浦斯
三·179、187

恩格斯
一·9、11、72、73、84、153、350、424、426、430、434、435、436、461，三·9、10、11、13、14、24、33、76、246、578、582、四·61、68，五·76、七·28、30、32、120、433、八·21

二叶亭
一·3

二月河
八·95

F

法海
三·224、225、226

法捷耶夫
三·239

法朗士
一·71

法显
二·152，七·72、349

凡尔纳
一·3、110、584

樊迟
六·5、12、13、45、56、58、82、83、89、237，七·169

樊骏
一·621、623、630，四·152、153、154、159、160、161、163、164、165、166、167、168、169、170、171、172、173、174、175、176、177、180、191，五·105、八·200、207

樊乐平
八·143

蘩漪
一·212，三·397、413、577、581、582、583、584、585、586、587、589、590、592、594、773，八·14、17、157

范蠡（陶朱公）
七·58

范文澜
六·218

范缜
五·51

梵·第根
三·38、39

梵·高
三·830、831，七·440

方达生
三·603、604、605、612、614、615

方罗兰
一·194、200

菲尔丁
一·22，八·224、225

废名
一·392，三·369、379、380、465、466、517、557、662、681、686、714、716、721、724、725、830、840、844、885，七·250

费德林
一·100

费尔巴哈
一·77、467、513，五·130，七·120，八·21

费孝通
一·165，四·57，五·101

丰子恺
三·869、881，八·250

冯梦龙
六·238

冯乃超
三·520

冯维辛
一·22、106

冯小刚
七·449

冯谖
三·531

冯雪峰
一·20、21、335、350、351、352、353、354、356、490、520、521、522、523、524、525、528、529、530、538、539、541、545、546、559、642、647，二·32、77、106、108、117、125、253、254，三·58、68、129、159、324、371、386、432、719、727、747、808、811，四·148、150、156、198、211，五·75、84、93、94、101、154、

155、156、157、158，八·159、261

冯友兰
一·645，四·68，五·70、71、72、73、78、82、101、160，六·223、305，七·291，八·71

冯沅君
一·90，二·113、114、115，三·137、453、454、784、786，七·410，八·155

冯至
二·53、89、90、91，三·238、367、368、434、435、438、444、517、519、554、557、558、559、560、570、572、573、662、801、822、823、827、828、829、830、831、832、852、856、861、875、876、943、945、946、947、948，五·109、154，七·352、409，八·218

逢蒙
三·504、506、508、515

奉仁英
一·368

弗洛特（茀罗特）
一·169，二·175，三·537

弗洛伊德
一·560、561、563、603，二·175、176，三·145、363、377、382、463、537、539、540、541、542、723，五·42、70、82，六·345，七·393、399

弗·伊·谢曼诺夫
一·98、99、100、101、102、103、104、105、106、107、108、109、111

伏尔泰
一·72，二·145，四·99，六·66、281，七·150、360、393，八·75、153、196

伏尼契
三·346、712

伏脱冷
八·94

伏羲
一·267

福楼拜
一·8、10、480，三·118、200、419，七·429，八·156

傅庚生
八·242

傅雷
一·640，二·63，五·109，八·222、223

傅立叶
七·329

傅佩荣
六·385

傅斯年
一·248、249、258、319，二·71，三·408、409、715、808，四·71、79、93、94、101、115、119、120、121、123、126、127、136，五·66、69、90、

96、七·352、355、八·91、93、101、102、125、126、127

G

甘地
三·712，六·66、七·121、282

淦女士
二·113，三·137

冈察洛夫
一·9，三·45，八·226

皋陶
六·12

高长虹
一·493、494，三·72、515、717，八·162

高尔基
一·8、14、15、17、71、81、106、108、480、580、594、645，二·139、140、141，三·27、28，四·145，五·165，七·429、434

高亨
四·130、199

高加林
二·159、160、161、162、163、164、165、166，七·444、447、448

高晋生
四·130

高俊林
八·54、63

高老夫子
一·53、376、385、582

高里奥
三·250

高名凯
一·287、391、640

高明楼
二·160

高乃依
七·41

高适
三·197、473、622，六·208

高翔
三·863

高玉德
二·160

告子
六·99、100、155、228

戈宝权
一·559、560，五·109

哥白尼
四·68、99，五·133，六·66、355，七·26、61、338

哥里格洛维奇

三·113

哥伦布

二·58，四·19、80、87

歌德

一·3，二·95、三·14、37、225、264、281、365、812、816、830、873、919、920、928、七·339、350、360、八·62、196、226、254

革拉特珂夫

三·28

葛德文

八·82

葛朗台

三·45、250、611

葛优

七·449

庚桑楚

一·410、411

公明仪

六·75

公孙大娘

三·777

公孙高

一·402

公孙龙（公孙龙子）

六·228、232、236、293、294、295、303

公孙衍

六·157

龚自珍

一·276，二·35、36、四·52、205、206、213

共工

二·181、182、三·506、919，六·140

辜鸿铭

一·335、447、二·235，三·80、107、395、四·2、8、34、68、85、五·28、127、七·283、357、379

古华

一·99

瞽叟

六·91，七·300

谷斯范

三·551、552、553、554、556

顾颉刚

一·243、244、248、249、251、253、254、255、256、257、258、265、266、267、268、281、282、283、285、287、296、297、302、303、304、305、314、318、319、320、323、325、326、三·715、四·57、71、79、93、94、95、101、115、116、117、118、119、120、121、五·66、67、68、69、70、169、六·218、219，七·247、248、291、307、八·162

155

顾恺之
七·400

关汉卿
二·17，三·218，七·411

关尹喜
三·506

关羽（关云长）
一·12、154，三·18

管叔
六·26，八·99、106

管同
七·367

管仲
六·126

光绪
三·548，七·232、372

桂馥
一·286

鲧
一·299，六·140

郭沫若
一·11、44、46、72、73、81、91、102、169、287、289、346、354、371、450、549、552，二·19、23、24、25、26、30、36、38、39、43、45、48、53、55、63、74、75、91、95、124、127、130、135，三·2、10、12、20、21、37、68、71、87、90、92、99、135、

137、304、305、365、366、367、383、410、411、412、414、429、438、452、481、509、512、513、514、515、516、517、519、520、532、538、557、560、569、571、574、662、697、715、734、735、736、801、806、815、816、817、818、819、821、822、823、825、826、827、830、852、853、854、855、869、875、876、877、882、886、887、888、889、890、893、894、895、896、897、898、899、900、901、902、903、904、905、906、907、908、909、910、911、912、913、914、915、916、917、918、919、920、921、922、923、927、943、944、945、946、947、948，四·6、131、132、137、199、204，五·75、76、84、93、107、147、154，六·318、351、353，七·40、171、194、350、355、394、409、419，八·89、90、93、117、125、162、168、222、250、278

郭庆藩
四·131

郭嵩焘
六·368、369

郭象
四·131，六·251、337、341、342、369、376、377、378、385、388

郭小川
二·95，三·869，八·250、260、262、263、264

郭小东
八·141

郭预衡
一·621、624，七·410

郭志刚
一·621，四·209

果戈理
一·3、4、10、16、18、22、24、71、73、74、106、107、108、111、480、589、597、629、645、646，二·39、三·38、92、95、251、297、323

H

哈代
一·480

哈克奈斯
一·9

哈莱尔
三·248

哈姆雷特
一·470，三·45、214，七·419

海德格尔
八·55、83、165、195

海克尔
一·76、472

海明威
三·423，七·360，八·219

海涅
一·3，三·8、253、272、410、919，五·81

海瑞
二·216

韩长经
一·524、529、559

韩非子
一·261、302，三·87、193、194、269、339、485，四·11、14、26、50、五·122、130、145，六·51、68、99、160、190、192、193、194、198、199、233、234，七·150、176、181、226、233、304、393，八·25、57、101、102、118、257、271

韩立群
一·522

韩石山
三·161

韩愈
三·57、197、212、424，六·69、70、80，七·53、228、253、410，八·58、115、116、117、120、122、123、124、126、127

汉武帝
一·269、272，二·71，三·565，七·180

浩然
三·345，五·175

何家槐
一·525

何其芳
三·378、520、662、714、716、725、727、851、869，七·60、61，八·250

何休
七·403

贺敬之
二·95，三·439、869，八·250

贺麟
五·72

赫尔岑
一·17

赫拉克利特
一·153

赫拉普钦科
一·18、644

黑格尔
一·436、444、467、487、492、646，二·274、278，三·271、582，五·80、130，六·315，七·120、360，八·21、81、84

黑三
三·603、606、607、609

洪深
三·72

洪昇
三·218

洪秀全
一·293、438，八·47、89

洪稚存
一·180

侯宝林
七·379、426

侯方域
三·219、220、225、552

侯失勒
七·279

侯外庐
五·75、107，六·218

后稷
六·120、126、136

后土
三·178

胡风
一·352、354、355、356、361、363、364、490、522、523、524、525、529、530、532、542、545、630，二·14、15、77、117，三·58、68、87、124、129、135、159、174、324、325、370、371、386、432、434、621、719、735、736、744、745、746、747、748、757、851、852、855、856，四·7、8、125、150、156、168、198，五·75、84、93、94、100、101、103、156、158，七·171、245、350、355、443，八·21、22、90、127、159、261、263

胡国光
一·190、212

胡厚宣
八·104、125

胡怀琛
三·481

胡兰成
八·157

胡梦华
二·106、181

胡奇光
一·285、286、287

胡秋原
三·76、132、325

胡适
一·71、73、159、180、243、244、245、246、247、248、249、256、257、258、259、260、264、265、267、268、289、294、302、312、313、314、319、320、337、338、346、355、356、447、484、485、486、487、493、494、495、497、523、525、549、550、552、564、569、571、625、645，二·1、2、5、6、7、8、9、16、17、32、40、43、63、65、77、82、99、104、106、107、108、135、217、218、235、241、246，三·3、4、5、6、20、24、57、58、64、68、70、71、72、73、75、76、87、92、94、98、99、107、108、115、128、132、137、172、174、229、313、337、352、353、354、395、403、405、406、407、427、428、432、440、441、446、447、468、500、509、511、626、662、672、673、674、675、676、680、681、682、693、717、718、733、734、745、801、802、803、806、807、808、811、813、815、816、834、854、855、858、867、873、875、876、877、879、880、882、887、900、943、944、947，四·2、4、5、6、7、8、11、12、13、14、15、16、17、18、19、20、21、22、23、25、26、30、32、33、34、35、36、38、39、40、41、42、43、44、45、46、47、48、49、52、55、56、60、61、62、63、69、70、71、72、74、75、76、79、81、84、85、86、87、88、89、90、91、92、93、94、95、119、120、121、124、125、126、128、131、134、147、186、187、204，五·19、29、31、33、35、36、37、39、40、41、42、43、44、47、48、49、50、51、52、53、55、58、59、61、63、64、65、66、68、69、70、75、76、81、82、83、84、85、86、88、90、92、96、98、100、101、103、117、122、127、130、147、148、152、155、158、159、162、169、178、183，六·218、219、291、349、351，七·36、38、61、91、99、126、156、180、194、195、204、222、242、244、248、289、291、292、334、344、345、350、352、355、357、374、387、389、393、399、404、410、432、443、444、445，八·4、32、33、65、67、70、91、165、170、194、215、222、248、254、270、280

胡四
三·600、601、602、603、606、607、609、610

159

胡先骕
三·402、403，四·11、12、13、14、15、16、17、19、21、22、23、25、26、30、31、32、34、35、36、38、39、49、55、56、67、69，五·65

胡也频
三·725

虎妞
八·14

扈三娘
三·542

华忱之
四·129

华岗
一·641，八·22

华老栓
一·52、60、241、376、388、390、392、397、585、593，三·279

华威先生
三·657、797

华小栓
一·241、390、392、393、397、398

华兹华斯
三·365、816

怀特海
五·72

环渊
六·232

黄宾虹
七·379、424

黄巢
三·441

黄帝
一·254，三·930，六·19、33、115、236、237、325、333，七·45、222、295、305、309，八·38、40

黄开国
一·276、277

黄侃
一·288，二·235，四·2、85，五·12、36、139，七·357

黄世仁
三·773、774

黄省三
三·601、602、603、604、606、607、608、609、616

黄修己
八·200

黄亚萍
二·161、163、164、165、166，八·13

黄药眠
三·325

黄永年
八·199

黄育海
一·631

黄震遐
三·851

黄仲则
一·180，三·509、510、511、512

黄子平
三·1、5、7、84

黄宗羲
五·9、10、11，七·61

黄遵宪
一·278，三·87、894、900

惠能
七·218

惠施（惠子）
六·236、262、263、264、278、303、310

惠特曼
二·95，三·38、92、365、816、873、876、903、909、915、916、917、918、919、923，八·219、254

霍布斯
七·407

霍梅尼
二·165

霍普特曼
一·3，八·82

霍小玉
三·202

J

嵇康
三·192、193、206、212，六·264，八·60

箕子
八·113、116、127

吉田茂
一·140

季康子
六·22、29，七·164

季路
六·35、87

纪君祥
三·218

季羡林
三·905，五·72，八·222、223

计红绪
一·357

加尔文
四·76

加缪
三·364、712

加西莫多
一·167

伽里略
六·355

迦尔洵
一·4，二·39，三·622

贾宝玉
二·68、69、79，三·223、225、276、628、705、708

贾岛
三·197、622

贾平凹
二·142、145、146、147、148、149、151、152、153、154、155、156，三·422，七·363、442、447，八·90

贾谊
三·516、517、558，七·390

贾政
二·79

贾植芳
四·129、130

翦伯赞
五·76、107

姜彩燕
八·173、177、178、179

姜飞
八·1、256、257、258、259

姜夔
三·858

姜民生
四·139

姜维
三·530

江亢虎
一·260

江青
二·72

蒋光慈
三·99、686、725、841，五·75

蒋介石
一·184，三·75、515、516、676，四·128，五·89，七·244，八·168

蒋路
五·109

蒋锡金
四·129

蒋星煜
三·556

焦大
三·322

焦士威奴
一·2

焦裕禄
一·517，八·92、93、122

焦仲卿
三·142、190、191、201、202，八·13、17

接舆
六·237、260、261、262

芥川龙之介
三·496

金八
三·599、600、601、602、603、605、606、607、608、610、611、612

金宏达
四·209

金克木
三·904

金圣叹
二·275，三·221、222、482

金时俊
一·630

金宜镇
一·630

金庸
三·162、163，五·87、175

金岳霖
四·57，五·70、71、72、73、78、82，八·70

晋文公
六·126，八·43、45、46

靳以
三·522

荆轲
三·189、192、555、930

景若虹
二·161

鸠摩罗什
三·698

菊池宽
三·496

K

卡尔·波普尔
七·46、47

卡夫卡
一·493，三·256、264、281、361、365、404、712、873，五·45、156，六·317，七·284、360、393，八·62、81、226、254

卡缪
七·284，八·81

坎贝尔
三·43

康白情
三·808

康德
一·425、443、467、492、495、646、二·65、85，三·167、272、303、490、818，四·99，五·24、80，七·120、225、360、393，八·21、81、84、195

康林
四·209

康帕内拉
七·329

康生
二·72

康熙
七·247

康辛有
三·775

康有为
一·108、261、262、263、264、267、276、277、289、290、293、294、296、306、307、311、314、438，二·235，三·80、548，四·34、93、101、103、117，五·5、6、7、13、16、21、22、57、68、117，六·349，七·61、79、81、126、146、231、232、243、244、329、349、355、357、371、373、374、393，八·64、65、71、89、170、194

柯克斯
二·64

柯罗连科
一·4、17、108

柯南道尔
一·2

克尔凯郭尔
一·466，三·358，八·83

克鲁泡特金
五·42，八·82、83

克罗齐
五·70

孔安国
一·271、272

孔德
七·28

孔海立
三·642

孔丘（孔子、孔夫子）
一·33、72、132、145、146、149、150、154、242、261、262、268、269、270、271、272、277、278、279、288、300、302、311、312、317、369、370、410、411、472、495、626、641，二·20、21、22、65、71、117、205、206、207、223、225、239、240、241、244、251、275，三·18、54、60、87、101、107、115、157、167、184、193、194、211、263、269、271、272、322、333、339、390、410、432、473、485、491、505、508、513、514、525、538、557、558、571、621、666、739、869、873、920，四·12、13、14、18、38、49、50、51、59、61、64、66、82、91、95、96、97、117、183、190，五·7、21、

22、49、55、61、67、122、125、126、
130、133、134、147、148、157，六·
1、2、3、4、5、6、7、8、9、10、11、
12、13、14、15、16、17、18、20、21、
22、23、24、25、26、27、28、29、30、
31、32、33、35、36、37、38、39、40、
41、42、43、44、45、46、47、48、49、
50、51、52、53、54、55、56、57、58、
59、60、61、62、63、64、65、66、67、
68、69、70、71、72、73、74、75、76、
78、79、80、82、83、84、85、86、87、
88、89、90、91、92、94、95、98、
101、102、103、104、107、108、113、
114、122、123、125、126、135、136、
138、139、144、145、146、149、150、
153、154、155、157、181、190、192、
193、194、198、199、218、219、221、
222、223、224、225、226、227、228、
229、230、231、232、233、234、235、
236、237、238、243、244、245、246、
247、255、259、260、263、264、280、
281、282、283、284、287、300、302、
303、304、310、315、316、317、319、
323、324、325、326、328、329、333、
334、345、350、361、362、383，七·
4、48、53、54、64、72、79、81、85、
86、118、133、134、136、150、157、
163、164、165、166、168、169、170、
171、172、180、181、204、226、227、
228、229、231、232、233、235、241、
242、244、245、246、272、278、279、
282、292、297、302、303、304、322、
361、366、386、393、394、406、435、
446，八·25、40、43、44、45、55、
56、57、58、96、98、100、101、102、
103、106、107、110、113、114、115、
116、117、118、119、120、121、122、
123、126、130、163、165、173、195、

196、236、250、254、257、266、271、
274、275、281、283

孔尚任
三·218、219、220、222、223、225、
226、227，八·126

孔祥熙
四·128

孔乙己
一·12、59、60、179、197、198、223、
224、239、380、383、388、390、391、
417、418、419、420、421、422、481、
504、581、593，二·170、195，三·
229、274、358、462、811，四·119，
七·115、241、252，八·26、234

孔颖达
一·273

夸父
三·176、178、184、185、186、187、
197、198、226、239、260、264、293，
七·45

L

拉伯雷
一·103，五·80，八·225

拉登
三·749

拉斐尔
五·80

拉赫美托夫
一·594

拉季谢夫
一·22、106

拉斯蒂涅
三·376、611

拉斯基
四·71

拉斯科尔尼科夫
六·368

莱奥缪尔
三·248

莱蒙托夫
一·4、10、17、18、108、192、466、589，二·95，三·44、473、812、815、825、919、八·94

兰陵笑笑生
三·222，七·393

兰芝
三·765

蓝翎
二·77、78、79、80、81、82，五·99、100

郎绍君
七·424

劳伦斯
二·157

老聃（老子）
一·147、149、242、261、268、302、315、388、391、402、410、411、445、641，二·10、72、152、165、223、241、251，三·87、107、115、167、183、184、193、194、253、254、255、256、263、268、269、333、339、404、485、505、506、508、511、513、538、571、873、920，四·13、14、21、49、96、207，五·55、72、122、130、145、148，六·23、24、44、62、63、68、160、161、162、163、164、165、166、167、168、169、170、171、172、173、174、177、179、181、182、183、184、185、186、187、188、189、190、191、193、194、195、196、197、198、199、200、201、202、203、204、205、206、207、208、209、210、211、212、213、214、215、216、218、219、220、221、222、223、224、232、233、234、236、238、244、246、247、248、249、250、255、259、267、269、280、281、282、283、285、287、288、291、296、297、300、301、302、303、304、305、306、307、308、310、312、313、315、316、319、323、333、334、362、371、372、376、377、388、390，七·53、150、155、157、180、181、182、183、184、185、186、187、188、189、190、191、192、193、219、224、225、226、233、236、237、238、239、253、272、282、303、305、306、364、393、403、446，八·25、40、43、44、45、55、57、107、165、195、196、205、254、257、266、271

勒萨日
三·622，八·225

雷锋
一·517，八·93

雷海宗
五·72

雷侠儿
七·279

雷震
四·75

垒钟贤
一·630

黎锦明
三·510

黎烈文
二·180

李敖
一·329，五·88

李白
一·370、445，二·17，三·59、90、108、197、206、212、251、263、276、280、281、297、622、812、816、858、860、888、910、927、928、931，五·45、122、156、六·208、253、264、317、318、七·360、390、393、400、八·25、117、279、280

李宝嘉
一·106

李冰
三·762

李伯元
三·170

李长之
一·523、524、530、546，三·312、320、714、716、725，六·218

李初梨
三·735

李春林
一·560

李达
五·75

李大钊
一·495，二·1、2、9、13、14、15、82、218，三·3、4、64、70、71、87、229、313、344、427、431、486、488、489、490、680、717、718、733、734、880，四·2、3、5、11、25、38、39、41、46、47、48、71、72、94、119、123、126、127、187、204，五·29、37、39、40、42、43、44、47、48、50、64、74、82，七·38、126、156、345、350、355、357、374、387、432，八·33、215

李兑
七·174

李福田
四·139

李公朴
四·150

167

李广田
三·714、716、725

李何林
一·490、529、621、622、624，二·253、254、255，三·68、98、128、129、298、307、325、386、724、727，四·129、130、135、138、144、145、146、147、148、149、150、151、155、156、160、196、198、208、209、210、211、212、215，五·105、157，八·67、159

李贺
三·197，六·208，八·117

李鸿章
一·294，四·106，五·11，七·374

李辉英
三·459

李季
三·718、762、763、764、765、766、767、865、869，七·40，八·131、132、250

李济
五·66

李霁野
一·522，五·109

李嘉诚
七·315、317

李甲
一·582

李健吾
三·68、312、320、714、725

李劼人
三·413、495、520、543、544、545、546、547、551、552、554、570、572，八·157

李金发
二·55、92、93、94、95、96，三·58、59、123、368、369、379、662、681、699、833、834、835、836、839、841、843、844、943、944、946，六·318

李景汉
五·72

李俊民
三·520、535、536、556

李克
一·477、640，二·131，八·243

李悝
六·232

李逵
一·12、25、192，二·128、215

李立三
四·124，五·80

李连昆
七·415

李欧梵
三·70，五·159，七·350

李佩甫
七·363，八·93、94、95

李清照
二·282，三·335、340、776、777、862，四·47，八·150、180、269、272

李锐
七·363

李桑牧
一·524

李商隐
三·21、197，六·208，八·117、283

李绅
三·197

李石清
三·600、601、602、603、604、605、606、607、608、609、611

李时珍
一·472，七·378、400

李叔同
七·250

李斯
七·145

李四光
七·401

李万钧
一·560

李微含
一·477、640，二·131，八·243

李唯建
二·60

李维康
七·415

李伟江
八·166

李希凡
二·77、78、79、80、81、82、131，五·99、100

李香君
三·219、220、225

李兴武
二·254

李颐
六·377

李煜
一·483，三·106、211、887，四·110

李泽厚
一·328、642，二·142，四·131、183、184，六·325，七·101、194、195，八·115、160

李贽
一·445，三·881，六·264，七·61、281

李准
八·132、141

李自成
八·129

里尔克
三·429、829

丽姬
六·322、327、341、七·174

梁鸿
三·161、162、163、164、166、167、168、169、170、171、172、173、174，八·88、95、96、97、98、130、143

梁惠王
六·92、129、232

梁启超
一·2、73、108、246、259、261、262、263、264、278、281、283、289、290、294、296、307、308、311、312、313、314、552、二·112、235、241、三·81、87、399、400、401、446、486、487、488、489、490、500、548、四·40、42、85、93、101、103、104、105、109、111、112、113、114、115、118、119、五·5、6、7、8、14、16、25、37、57、58、65、117、六·219、349、七·32、61、81、85、126、155、156、194、195、243、281、283、349、355、357、371、373、374、391、392、393、404，八·89、170、194、198

梁山伯
二·59

梁思成
二·110、112

廖沫沙（易庸）
三·522、527、535、536、552、555

廖平
一·276、311，四·103，五·68

列宁
一·18、76、78、350、360、424、425、437、629、三·10、11、303、841、七·438、八·21、61

列文森
一·552

列子
六·236、256、372、373、376

林冲
二·216、三·540、651、七·318

林春城
一·630

林黛玉
二·79、80，三·223、225、247、708，七·158、317，八·13

林道静
三·783

林庚
五·72，六·218

林徽因
二·110、111、112，三·714、717、

718、725、862、863

林纾（林琴南）
一·2、108，二·16，三·17、132、392、438、446、494、805、807，四·11、55、56、67、69，五·57、162，七·245、357、389、390，八·64、65、66、67、68、71、72、220

林文庆
一·573

林兴宅
一·562、563

林毓生
三·70，五·59、159，七·350

林则徐
一·294，七·96、368、374，八·89

凌叔华
三·453、454、714、716、725、784、786，八·10、16、155

凌宇
三·103、725

刘安
四·21

刘白羽
一·357

刘柏青
一·560

刘半农
一·447，二·1、2、9、19、20、21、22，三·24、25、64、71、229、717、808、810、876，四·11、25、38、46、119，五·83，七·38、344、357、374，八·64

刘邦
一·494、576

刘备
三·221

刘宾雁
五·156

刘大白
三·808

刘鹗
一·99、283，五·67

刘逢禄
一·276

刘和珍
一·503、515，三·288、798，八·278

刘胡兰
八·90

刘建军
四·139

刘俊峰
五·180、181

刘姥姥
六·151、313

刘立本
二·160

刘伶
三·106

刘明华
七·325、335

刘呐鸥
三·123、462、699、719、724

刘泮溪
一·524

刘少奇
八·129

刘盛亚
三·534

刘师培
四·2，七·357，八·60

刘思谦
八·143

刘索拉
八·16

刘天华
二·21

刘汀
一·627

刘卫国
八·200

刘熙载
六·254、255

刘向
五·11，六·361

刘心武
一·104、497，三·166，七·105、334

刘歆
一·273、276

刘延陵
二·106

刘易斯（乔·亨·刘易斯）
八·14、15

刘易斯（辛克莱·刘易斯）
三·402、403

刘勇
四·214

刘禹锡
三·929

刘跃进
八·199

刘再复
一·328，三·747，八·160

刘增杰
八·143

刘震云
八·95

柳青
一·104、159，三·56、99、443，五·175，八·90、92

柳下惠
六·74

柳亚子
七·379

柳诒徵
五·65

柳永
一·641，三·204、205、206、211、212、858

楼建南
三·410

卢卡契
三·370

卢梭
一·72，二·100，三·27、37、164、303、365，四·28、29、32、35、71、99、103，七·32、150、360、393，八·75、153

庐隐
二·57、58、59、60、61、62、111、112，三·53、364、410、453、454、466、470、784、786，七·352，八·10、11、12、14、15、16、17、18、19、155

鲁哀公
六·22、26

鲁大海
三·581、586、587、591、592、593、594

鲁定公
六·29

鲁共王
一·271

鲁藜
三·845

鲁侍萍
三·196、581、587、588、589、590、594、595、598

鲁四
一·37、63、192、405、406、503，三·270、285、322、358、462，四·55，七·321

鲁迅（周树人）
一·1、2、3、4、5、6、9、11、12、13、14、17、19、20、21、22、24、25、26、27、29、30、31、32、33、34、35、36、37、38、39、40、41、42、43、44、45、46、47、48、49、50、51、52、53、54、55、56、57、58、60、61、62、63、64、65、66、67、68、69、70、71、72、73、74、75、76、77、78、79、80、81、82、83、84、85、86、87、89、90、91、92、93、94、95、96、97、100、101、102、103、104、105、106、107、108、109、110、111、112、113、114、115、116、117、118、119、120、126、127、128、129、130、132、133、134、136、138、139、140、141、142、143、153、

154、155、156、157、158、159、160、161、168、169、170、171、172、173、174、175、176、177、178、179、180、181、182、183、185、186、187、188、189、191、192、193、195、196、197、198、200、201、202、203、204、205、206、207、208、209、210、211、217、218、219、220、222、223、224、228、229、230、231、236、237、238、239、240、241、242、244、256、257、258、259、260、281、282、283、284、285、286、289、292、293、294、295、296、297、298、299、300、304、305、308、312、313、314、319、320、322、323、324、325、326、327、332、333、334、335、336、337、338、340、341、342、343、344、345、346、347、348、349、350、351、352、353、354、355、356、357、359、360、361、362、363、365、366、367、368、369、371、372、373、374、375、376、377、378、379、380、381、382、384、385、386、387、388、389、390、391、392、393、394、395、396、397、398、399、400、401、402、403、404、405、407、408、409、410、411、412、413、414、416、418、419、422、426、427、428、429、430、431、432、433、434、437、438、439、440、445、446、447、448、449、450、452、455、456、457、458、461、462、464、465、466、467、468、469、470、471、472、473、474、475、476、477、478、479、480、481、482、483、484、485、486、487、488、489、490、491、492、493、494、495、496、497、498、499、500、501、504、506、508、509、510、514、515、518、519、520、521、522、523、524、525、526、528、529、530、531、532、534、535、536、537、538、539、540、541、542、543、544、545、546、547、548、549、550、551、552、553、554、555、556、557、558、559、560、561、562、563、564、567、568、569、570、571、572、573、574、575、576、577、578、579、580、581、582、583、584、585、586、587、588、589、590、591、592、593、594、595、596、597、598、599、600、601、602、603、604、605、606、609、610、611、612、615、616、617、619、622、623、624、625、627、632、633、634、635、636、637、639、640、642、644、645、646、647，二·1、2、5、7、8、9、10、11、14、17、18、20、21、22、26、30、31、32、33、39、40、41、42、43、44、45、46、47、48、49、56、64、65、66、67、69、72、74、82、84、85、86、87、88、93、99、102、103、104、105、106、108、111、113、114、120、123、125、127、130、131、134、135、136、137、139、148、150、167、171、172、173、174、175、176、177、178、179、180、181、182、183、192、193、194、195、196、199、200、203、204、206、209、211、212、214、215、217、218、219、221、222、224、225、226、227、228、229、230、231、233、235、236、238、239、240、241、242、243、244、245、246、247、248、249、250、251、253、254、255、256、257、258、259、260、263、264、265、266、267、275，三·3、4、10、11、12、13、18、20、22、23、24、25、27、28、29、31、32、33、34、38、44、45、48、56、57、59、60、61、62、64、67、70、71、72、73、74、75、76、78、80、87、90、92、94、95、

96、98、99、103、106、107、108、110、111、114、115、116、123、125、126、132、134、135、136、137、143、147、150、157、161、162、163、164、165、166、167、168、169、170、171、172、174、186、221、222、226、227、228、229、230、231、233、235、236、237、238、239、252、256、257、258、263、268、270、275、278、279、281、285、288、289、293、298、300、304、305、312、313、314、315、316、318、319、320、322、323、324、328、330、331、337、338、339、341、342、343、344、346、354、356、357、358、359、360、361、362、363、365、366、367、368、369、370、371、373、374、375、376、377、378、379、381、382、383、385、386、387、388、389、391、392、394、395、397、403、405、406、407、408、409、410、411、414、421、422、428、429、432、433、435、436、438、440、443、444、446、447、448、449、450、451、452、453、455、458、460、461、462、464、465、467、468、469、470、474、475、481、486、489、490、495、496、498、499、501、502、503、504、505、506、507、508、511、513、515、517、519、520、521、523、525、527、529、530、532、533、537、538、542、543、544、545、553、556、557、559、560、567、569、571、572、573、579、611、615、621、623、626、628、634、635、636、646、656、658、662、663、664、667、670、677、680、681、682、683、691、693、702、703、709、710、711、712、714、717、720、721、724、727、729、730、734、735、736、739、741、745、746、747、757、767、780、788、789、790、791、795、797、798、800、806、808、810、811、812、818、828、830、831、840、855、856、861、864、869、873、876、880、901、915、942、943、944、945、946，四·4、5、6、7、11、15、22、25、38、39、41、44、46、47、52、55、56、63、64、65、70、77、83、84、88、93、94、95、101、102、103、105、109、112、119、120、121、124、126、127、132、133、134、135、136、137、138、139、142、143、145、146、147、148、149、150、151、153、156、157、168、174、182、183、184、186、187、188、189、190、194、198、199、204、205、211，五·7、12、14、15、24、25、26、27、29、30、31、37、39、40、45、47、48、49、50、55、59、64、70、81、82、83、84、88、93、98、105、117、122、126、127、130、138、140、146、147、148、153、155、157、158、159、160、161、162、165、178、179，六·8、9、66、71、80、139、140、233、234、242、264、281、285、291、307、315、318、323、335、337、345、350、351、352、358、359、361，七·36、38、40、43、54、61、91、92、99、100、107、121、126、132、145、146、150、152、153、154、155、156、157、158、159、171、194、195、225、226、227、229、233、234、235、236、237、238、239、240、241、242、243、244、245、246、247、248、249、250、251、252、253、254、255、268、269、272、274、279、282、288、289、307、308、309、310、320、321、334、344、345、347、350、352、355、357、358、360、361、374、387、389、393、394、396、398、399、400、

410、431、432、433、440、442、443、
444、445、448、八·2、3、4、6、8、
12、18、21、22、28、29、30、31、32、
33、34、35、37、54、59、60、61、62、
63、64、65、67、82、86、87、89、90、
91、92、93、99、102、103、125、126、
128、136、137、142、143、144、157、
159、160、161、162、163、164、165、
166、167、168、169、170、171、172、
177、178、183、184、185、194、195、
196、205、206、208、210、216、217、
218、222、223、225、226、229、232、
234、239、240、241、250、254、258、
262、270、271、278、279、280、281

鲁昭公
六·55

鲁智深
一·389、594, 三·361、625、651

陆定一
三·769、770

陆费墀
三·522

陆小曼
八·168

陆秀夫
三·552

陆游
三·212、423、858、五·156、七·61、
390

陆宗达
一·287, 五·36

禄父
八·106

路翎
一·159, 三·68、79、124、238、372、
381、383、394、434、474、646

路遥
二·159、160、161、162、163、165、
166, 三·345, 五·175, 七·363、
441、444, 八·90、95、97

露露
三·615

伦勃朗
七·393

罗伯斯庇尔
四·76, 八·75

罗成谈
四·209

罗丹
七·393、396

罗敷
三·765

罗钢
一·365、412, 八·244

罗根泽
四·131, 六·217、218、219

罗贯中
一·393，三·221、482、485、493，五·122，七·411

罗洪
三·527、555

罗家伦
一·249、258、319，二·71，四·71，七·352

罗进
一·222、227、228、229，三·581

罗素
二·241、251，三·76，五·72、82，七·393，八·165

罗雪莹
八·95

罗烨
三·482

罗振玉
一·285、287，二·33，五·69、107，八·93

洛菲罗
三·490，五·24

洛克
一·467

骆宾基
三·381、444、459、474、475、663、698、699、700

吕不韦
七·58

吕后
八·150

吕惠卿
六·269

吕尚
八·106

吕叔湘
一·287

吕思勉
四·131

吕纬甫
一·12、29、38、42、43、65、68、175、176、179、195、211、223、386、387、407，三·229、358、376、462、634

吕荧
一·642

吕振羽
五·76

绿原
三·68、845、853

M

马丁·路德·金
八·96

马尔克斯
三·256、264、712，五·45，八·226

马烽
二·131

马赫
八·21

马基雅维里
七·407

马建忠
一·287，五·36

马克思
一·36、72、77、96、121、237、350、435、436、440、441、442、443、444、445、449、467、469、470、487、492、646，二·13、81、85、123，三·10、11、14、16、24、33、246、261、272、432、433、577、721、735，四·61、68、103，五·76、80、81，六·281、315，七·28、30、55、59、84、104、106、120、150、329、350、360、393、433，八·21、84、96、195、196、232

马克·吐温
一·480

马连良
一·104

马良春
八·200

马融
一·272、273，四·206

马士英
三·220、527

马雅可夫斯基
三·378、838、849

马寅初
四·7，五·101、147

马致远
三·218、890

毛嫱
六·322

毛泽东
一·5、25、28、30、237、293、294、295、347、356、357、359、360、428、437、438、486、523、535、538、546、623、640、645，二·24、77、78、80、82、83、218、264，三·87、159、167、168、173、241、242、312、313、316、318、319、320、321、324、325、326、327、328、329、330、331、386、665、736、737、760、761、763、838，四·62、124、148、155、157、158、160、168、182、183、184、187、190，五·75、77、78、79、82、83、90、92、93、96、100、103、106、117、122、138、154，六·162、281、315，七·40、61、127、244、260、268、271、347、379、437，八·21、23、24、46、86、90、91、93、117、125、127、129、132、159、160、162、168、170、260、263

茅盾
一·73、81、156、159、182、183、184、185、186、187、188、189、190、

191、192、193、194、195、196、197、
198、199、200、201、202、203、204、
205、206、207、208、209、210、211、
212、213、214、215、216、217、218、
219、220、221、222、223、224、225、
226、227、228、229、230、231、233、
234、235、236、237、238、239、240、
241、242、354、379、450、482、546、
549、559、647，二·39、40、41、42、
43、51、62、63、99、124、130、135，
三·2、10、12、13、20、27、29、34、
56、57、58、62、64、68、71、99、
123、135、323、362、363、370、377、
443、456、457、460、462、467、520、
521、522、531、545、567、579、599、
601、603、605、606、629、648、662、
686、697、715、723、746、767、783、
四·57，五·75、84、93、105、154、
162，六·318，七·171、288、352、
355、445，八·10、90、240、281

眉间尺
一·338、339、340、388、393、394、
401，三·360、504、505、506、533

梅葆玖
七·415

梅光迪
一·525，三·30、158、402、403，
四·11、12、13、14、15、16、17、18、
19、21、22、23、25、26、30、31、32、
34、35、36、38、39、49、55、56、67、
69，五·65，七·350、352

梅兰芳
一·104，七·379、400、425、426

梅里美
三·495

梅鹜
五·68

美狄亚
三·196

门捷列夫
一·254

蒙万夫
四·139

蒙文通
六·228

孟尝君
八·118

孟超
三·520、521、522、527、530、534、554

孟称舜
三·218

孟德斯鸠
七·32

孟郊
三·622、922

孟施舍
六·154

孟子（孟轲）
一·261、269、270、278、279、472，

二·53、71、241、251，三·60、87、211、272、390、514、525、538、869，四·24、117、五·56、61、122、157，六·28、38、63、68、69、70、73、74、75、76、77、78、80、87、88、89、90、91、92、95、96、97、98、99、100、101、102、103、104、105、106、107、108、109、110、111、112、113、114、117、118、119、120、121、122、123、124、125、126、127、128、129、130、131、132、133、134、135、136、138、139、140、141、142、143、144、145、146、147、148、149、150、151、152、153、154、155、156、157、158、224、228、234、235、284、310、317、348、七·53、136、172、194、205、227、228、229、231、232、235、242、245、246、367、368、406，八·45、55、57、58、99、101、107、108、114、116、118、119、120、122、123、131、250、257

弥尔顿
一·4，三·873，八·254

米开朗基罗
五·80，七·393

密茨凯维支
一·4、466，三·469、825、873，八·254

妙玉
三·223、727

明治天皇
三·496

墨子（墨翟）
一·146、242、261、302、402，二·223，三·339、485、505、506、513、533、558、571，四·11、13、14、26、49，五·51、122、130，六·28、37、66、75、90、192、193、194、198、199、219、228、232、234、235、236、244、284、310，七·48、141、150、194、195、197、198、200、201、203、204、205、206、207、226、233、247、248、282、306、393、403，八·25、55、57、165、257、271

莫泊桑
一·10、15、22、71、192、480，三·293、753，七·429

莫尔顿
二·63

莫里哀
三·106

莫言
七·441，八·97

牟宗三
三·395，七·379

穆旦
一·493，三·169、238、381、383、397、434、801、858、861、862，七·409

穆桂英
八·17

木兰
三·765，八·17

穆勒尔
三·248

穆青
八·92

穆时英
一·493，三·123、462、463、663、672、673、719、724

N

拿破仑
一·15、23、426，三·649

乃木希典
三·496

南郭子綦
六·267、268、270、271

内山完造
三·165

尼采
一·3、72、75、76、77、78、79、80、81、83、84、85、86、87、88、89、90、91、92、93、96、97、174、291、312、313、333、466、474、552、595、617、641，二·39、85，三·19、38、164、237、358、367、389、429、635、640，四·87、179，五·42、70、82，六·66、281、345，七·106、120、150、275、393、407、434，八·82、83、86、165

尼古拉二世
一·629

倪焕之
三·364

聂耳
五·105

聂绀弩
三·372、556、572

聂赫留朵夫
三·361

聂鲁达
二·95，三·873，八·254

聂政
三·930

涅克拉索夫
一·17、22，二·95

牛顿
一·249、492、517，二·6，四·99，七·118、223、276、309、393

牛汉
三·845、853，八·287

牛郎
八·182

娜拉
三·346、577、578、583、826，八·148

女娲
一·169、253、388、391、398、399、401、402，二·174、175、176、177、

178、179、180、181、182、三·260、
360、480、501、502、503、505、513、
533、626、四·21、七·45、181、221、
238、308、八·157、185

O

欧几里得
七·223、338

欧里庇得斯
三·196

欧小牧
三·556

P

潘光旦
五·72

潘辉
三·773、774

潘金莲
七·318，八·13

潘漠华
二·106、108，三·718、725、808

潘天寿
七·379、400、424

潘月亭
三·600、601、602、603、604、605、
606、607、608、609、611、616

盘古
一·253、577，三·480、499、七·45、
181、221

庖丁
六·237、372、375、378、380、381、
382、384、385、386、389

培根
一·467，四·87、99，六·274，七·
28、339、八·79、174

裴多菲
一·4、466，二·258，三·825、873

佩特拉克
五·80

彭更
八·118

彭慧
三·776、780、781、782、783、784、
785、786、787、788、789、790、792、
793、794、795、797、798、799、800

彭志恒
五·180、181、182、184

彭祖
六·237、252、254、307

皮却林
八·94

皮萨列夫
三·252、253

皮亚杰
七·12、19

朴宰雨
一·514、630

平原君
八·118

蒲松龄
一·583，三·281、339、444，四·92、
五·45、122、七·390、411、八·126、
205、271、279

普列汉诺夫
一·71

普鲁东
八·82、83

普鲁斯特
二·61，八·81

普鲁塔克
三·491

普罗米修斯
三·179、187、194、198、218、234、
264，八·53

普罗普
一·369

普希金
一·4、8、10、17、18、24、106、108、
110、466、480、493、589、629、645、
646，二·95，三·37、38、113、164、
251、272、297、410、419、472、495、

812、815、825、873、919，七·360、
八·129、254

Q

齐白石
七·379、398、424、426

齐桓公
六·126，八·43、45、46

齐景公
六·46，七·302

齐宣王
六·95、123、126、133、141、232

契诃夫
一·4、9、10、16、17、19、24、71、
106、108、350、480、580、597、643、
644、645、646，二·39、141，三·28、
29、106、118、201、374、419、475、
611、782，七·251、418、420、429、
434、436，八·38、240、243、287

钱稻孙
五·72

钱谷融
三·386，四·129、198

钱虹
八·9、18、19、184

钱基博
三·128，五·176

钱理群
三·1、5、7、84、103、300、725、
八·36、161、205、206

钱穆
三·395,四·68、85、131,五·87、
139,六·218、219,七·379

钱牧斋
三·552、553

钱能训
二·251

钱杏邨
三·896,七·445

钱玄同
一·109、249、257、258、447,二·1、
2、7、9、16、17、18,三·24、64、
71、229、344、717,四·2、11、25、
38、39、46、119、204,五·12、29、
69、83、178、179,七·38、126、357、
374

钱学森
四·95

钱智修
三·537

钱锺书
一·159、493,三·68、73、238、381、
383、434、472、660,四·156,五·
72、159,七·350

乔叟
一·22,五·80

乔万尼奥里
三·495、525

乔治·桑
三·64,八·153

巧凤家妈
三·786、788、789、790、793

秦观
三·858

秦桧
一·494,三·527,四·48

秦牧
三·527、535、555

秦始皇
一·271、301、626,二·71,三·85、
460、513、515、538,五·143、144,
六·51、241,七·1、178、179、180、
221、222、301、380,八·114

秦献公
六·221

秦兆阳
一·477、640,二·131,三·386,
五·156,七·439,八·22、180

晴雯
二·79,三·223,八·13

丘东平
三·436

秋瑾
一·335、594、595，二·87，八·86、91

秋菊
三·888、939，七·447、448

屈原（灵均）
一·108、109、370、589，二·17，三·48、59、87、105、154、162、163、164、166、167、185、186、187、188、189、190、197、206、211、212、252、263、266、267、268、278、279、280、290、297、303、314、339、438、446、527、623、712、812、815、824、837、858、859、894、928，四·54、108，五·30、45、122、133、156、157，六·264，七·354、360、378、389、390、393、394，八·55、90、162、196、232、239、258、271、278、279

曲波
一·393，三·56

瞿秋白
一·84、350、351、352、522、523、524、529、530、538、539、541、545、546、645，二·218、266，三·4、324、371、432、718，四·124、148、150，五·80、84、154、157、158，七·350

瞿鹊子
六·324、325、326、327、328、329、339

瞿式耜
三·527

瞿铁鹏
一·389

R

冉伯牛
三·558

饶宗颐
五·87，六·37

任访秋
四·129

荣格
一·561

茹科夫斯基
一·108、110

茹志鹃
二·148

阮大铖
三·220、527、552

阮籍
三·192、193、206、212，六·264，八·60

阮元（芸台）
七·403

阮章竞
三·762、763、764、765、766、865，七·40

阮仲平
一·239

闰土
一·12、13、52、60、180、186、192、381、407、581、二·183、184、185、186、187、188、189、190、191、192、193、194、195、196、204、三·275、745、六·242、七·237、241、252、八·61

S

撒旦
一·469、474

萨尔蒂科夫
一·16、17、106、107、108

萨福
八·16、153

萨加尔
二·145、三·611

萨克雷
一·480、八·224、225

萨特
一·646、二·85、三·264、712、七·284、339、393、八·81、82、83

塞瓦斯托波尔
三·473

塞维图斯
四·76

塞万提斯
三·44、45、712、五·80、八·226

森鸥外
一·3、三·496

沙汀
三·423、462、467

莎菲
三·341、466、467、八·228、229、230

莎士比亚（狭斯丕尔）
一·4、161、350、二·112、三·21、28、44、45、59、166、189、190、264、272、319、490、492、611、873、五·24、45、80、156、七·61、378、402、417、418、419、420、八·62、162、226、232、254

山田美妙
三·496

单演义
一·522、620、四·129、130、131、132、133、135、136、137、138、139、140、142、143、195、199、212、213

商鞅
三·535、七·145、178

上田敏
一·3

邵伯周
一·524

邵力子

五·13

邵荃麟

三·386、727，四·156、198，五·157

邵雍

一·509

舍甫琴克

八·254

舍斯托夫

四·214

申不害

六·233

申生

七·174

神农（炎帝）

一·253，三·105、176、480、930，七·45、221、295

沈从文

一·159、393、493、639，二·45、124，三·2、12、28、29、30、68、73、103、132、162、163、237、297、304、305、323、374、376、377、423、444、460、461、462、467、651、662、672、673、674、677、685、686、697、713、714、716、721、724、725、727、741、756、788，四·156、168，五·158、159、162，八·162、262

沈鹏年

一·522

沈庆利

三·704、709、712

沈卫威

三·663

沈尹默

二·1、2，三·717、808、876，七·357、374

沈诸梁（叶公）

六·4、36

沈祖棻

三·520、527、535、560、572

慎到

六·232

尸子

六·232

师陀

三·416、714、716、724、725

施蒂纳

一·466、552，八·82

施耐庵

一·393，三·221、222、341、482、485、493、522、525、571，五·122，七·411，八·129、205

施章

三·481

施蛰存

三·31、123、377、382、462、463、

520、522、537、539、540、541、542、555、572、663、664、672、673、698、719、723、724，八·162

石安石
一·287

石勒
三·517

石评梅
三·137

石涛
七·393

石秀
三·378、542

史可法
三·219

史坦尼斯拉夫斯基
七·393、420

释惠洪
三·890

释迦牟尼
二·46、73，四·96，六·66，七·73、150、209、210、211、213、214、215、217、219、226、393，八·196

寿镜吾
二·210、211

叔本华
一·72、75、76、88，三·179，四·

107、108、109，五·6、41、70、82，七·120

叔齐
一·242，三·505、513，四·107，六·46、90、139、153，七·208

舒群
三·459

舒婷
三·345、850、862，八·16

舒芜
三·725

水生
二·191、192，七·237

舜
一·254、299、401，三·23、788、930，五·41、58，六·12、15、16、19、50、69、72、74、85、89、91、95、111、115、119、122、132、133、136、140、150、222、236、319、320、334，七·247、293、294、295、297、299、300、301、302、303、304、305、306、307、309、310、313，八·38、56、90

司马长风
三·11、68、632，五·159

司马光
一·472

司马牛
六·14、82

司马迁
一·273、300、301、302、303、304、305、370、472，三·87、162、164、166、167、187、188、189、190、197、206、211、212、221、295、339、446、481、516、517、522、525、536、623、712、788，四·12、49，五·11、45、122、133、143、144、156，六·10、26、78、145、218、219、221、232、233、237、239、247、264、318、371，七·301、322、360、378、390、393，八·99、117、118、164、196、205、271、279

司马谈
一·303

司马相如
七·393

司汤达
一·22、480，二·145，三·44、200、364，七·429，八·94

斯巴兰查尼
三·248

斯宾诺莎
一·436

斯宾塞
三·19

斯大林
三·770，四·48，七·333，八·21

斯多噶
六·9

斯芬克斯
三·862

斯坦尼斯拉夫斯基
一·643

斯探恩
二·278

斯万迈尔谭
三·248

斯威夫特
一·71

四铭
一·37、38、53、173、192、376、385、398、582，三·579

宋崇义
一·91、94

宋江
二·216，三·221、540

宋荣子
四·24，六·256、372、373

宋玉
三·187，八·239

宋云彬
三·520、522、531、533、534、535、556

宋子文
四·128

苏德曼
一·3

苏格拉底
一·145，二·223、275，三·262、269、271，六·9、52、53、66、334、335、350，七·150、282，八·55、196、257

苏曼殊
一·99，三·709，七·156、350

苏秦
六·231

苏青
三·472、662，六·318

苏轼
三·212、858、897、898、928，七·393，八·240

苏武
三·527，七·349

苏雪林
一·162、523、532，三·29、73、74、556，八·162

苏洵
三·424，八·240

绥拉菲摩维支
三·28

燧人氏
三·480，七·45、221、295

孙昌熙
一·524，三·503、504，四·129

孙传芳
一·343

孙二娘
八·17

孙伏园
一·186、522

孙吉人
一·221

孙犁
一·477、640，二·131、148，三·56、127、439、477、718、724、759，七·40，八·127、243

孙舞阳
一·194、195、200

孙悟空
一·389、498，六·280、344

孙席珍
二·106

孙诒让
七·194、404

孙玉石
一·423、434、445

孙中山
一·73、252、289、290、292、293、294、329、330、347、438、645，二·

119、217、218、251，三·271、684、715，四·2、42、98、153、184，五·7、15、21、37、57、70、73、77、81、96、117、122、178，六·349，七·61、80、126、233、243、244、245、286、343、355、373、374、385，八·48、86、89、170

索罗金
一·100、229

索绪尔（费尔迪南·德·索绪尔）
一·389、391

T

泰伯
六·44、46

泰戈尔
一·71、171，二·63，三·816、873、876、877、881、903、904、905、906、907、909、910、923、946，八·254

泰勒斯
一·472

泰纳
二·40

谭其骧
五·66

谭嗣同
一·488，二·87，三·548，五·5、6，七·61、281、355、374，八·71、86

谭正璧
三·555、560、561、562、563、564、565、567、570

汤显祖
七·411

汤用彤
五·65

唐伯虎
二·73、74

唐君毅
三·395，七·86、379

唐兰
一·287

唐太宗
三·531

唐甄
一·520、523、526、527、621、624，三·68、99、104、129、298、300、307、372、520、724、770，四·129、130、144、145、155、160，五·105，八·67

唐玄宗
三·196、290、291、441、560

唐寅
七·393

堂·吉诃德
三·45、475，七·389、390

191

陶成章
一·335

陶渊明
一·641，二·152、三·106、192、193、203、206、211、212、263、278、297、339、812、815、824、858、859、904、905、906、907、908、909、923、928、五·45、122、130、156、六·264、七·240、329、360、390、393、八·25、205、240、271、279

滕固
三·410

滕文公
六·131，七·368

藤野先生
一·312，二·102

田汉
三·53、72，五·157，七·432

田骈
六·232

田山花袋
一·3

田中禾
八·95

田仲济
三·503、504，四·129

童书业
五·66，六·19、20

屠格涅夫
一·10、16、17、18、22、24、106、108、111、480、594、629、640、645、646，三·365、712

托多洛夫
一·368

托尔斯泰（列夫·托尔斯泰）
一·8、9、10、17、18、22、24、72、106、107、108、214、350、480、493、645、646，二·40、139、141、150，三·11、21、29、49、56、118、200、255、264、297、303、319、322、350、364、370、371、372、376、419、423、443、473、495、529、546、577、578、635、639、700、701、709、712、753，四·135，五·42、45、91、156、六·66、286，七·150、219、282、284、339、354、360、378、393、429、430、440，八·17、61、62、81、156、196、226、232

托伐·海尔茂
三·577、583

托马斯·曼
一·71、81

托马斯·摩尔
七·329

陀思妥耶夫斯基
一·8、9、17、18、24、71、107、108、480、493、639、640、645、646，二·39，三·38、106、113、166、200、201、264、297、370、371、372、419、429、712、873，四·214，五·45、

130、156，六·368、七·284、360、429、八·62、81、225、226、254

W

瓦西里耶夫（王希礼）
一·100

万卡
一·597

汪曾祺
三·714、725

汪东
五·12

汪晖
一·367、368、432、433、552、555、564，三·103、八·31、35

汪精卫
一·184，三·651

汪静之
一·91，二·106、107、108、180、181，三·808

汪中（容甫）
七·403、404

王安石
一·12，三·535，六·269，七·393，八·118

王安忆
三·345，八·16、97

王勃
三·889

王昌龄
三·197、473

王充
一·445

王崇伦
八·89

王德厚
一·621，四·204、205，八·160

王德威
五·159

王独清
三·517、557

王尔德
二·277，三·367，五·42

王发政
六·89、143

王夫之（王船山）
五·9、10，七·69

王福升
三·600、601、602、603、604、606、607、609、611

王富仁
一·27、111、181、242、366、367、368、427、428、483、533、539、558、560、566、618、620、622、627、631、

193

637、638，二·126、132、138、211，
三·1、161、162、163、164、166、
167、168、169、170、171、172、173、
174、243、388、479，八·1、4、161

王乾坤
八·35

王纲
七·72，八·57、58

王国维
一·285、287、302、311、313，二·
33、235、244，三·87、226、537、
826、871，四·67、85、86、94、101、
105、106、107、108、109、110、111、
112、113、114、115、118、119，五·
6、16、22、69、107、117、118、119、
139，六·24、25，七·156、349、357、
371，八·71、93、125、194、252

王胡
六·307

王金发
一·335

王力
一·287，五·36、72

王鲁彦
三·423、467

王莽
三·531

王蒙
一·159，三·386，五·156，八·22、

261、262

王明
三·783、784，四·124，五·80、117，
八·149

王倪
六·237、322、323

王念孙
七·404

王宁
一·287

王培元
一·637，二·111，三·663，四·215，
八·244

王平凡
四·139

王生
一·583

王实甫
七·411

王实味
三·736，八·126、127、128

王世家
一·630、632，四·139

王士菁
一·621、624

王朔
三·161、162、163、166，七·449

王肃之
一·273

王统照
一·44，二·71、74、75、76，三·520、556、808、811，七·352

王维
二·152，三·903、904、907、908、909、923、931，七·240

王文显
五·72

王羲之
二·45，七·389、400

王先谦
四·131，六·38、330、385，七·403、404

王宪达
四·211

王晓明
三·104，八·161

王新命
五·62、63，七·54、100

王信
一·621、630

王衍
三·517

王阳明
三·873、920，八·254

王瑶
一·72、523、528、529，三·68、98、104、129、298、307、724，四·129、130、144、145、155、160、161、199、203、204、205、206、213，五·72、105、155，八·67

王以仁
二·117

王应麟
六·268

王映霞
一·172，二·30，八·168

王筠
一·286

王昭君
三·777

王之涣
一·509

王仲昭
一·220

王梓坤
四·216

微子
六·26，八·113、116

195

维特根斯坦
五·72

韦伯
一·487

尾崎红叶
三·496

卫灵公
六·22，七·164

魏建
三·160

魏金枝
三·556

魏连殳
一·14、29、38、40、42、43、65、175、179、180、195、207、211、223、384、385、593，三·229、358、376、462、634

魏巍
八·132、133

魏延
三·530

魏易
三·494

魏源
一·276、294，五·5，七·96、97、98、368、374、382

魏智渊
八·1

温庭筠
三·858

文成公主
七·349

文惠君
六·372、380、381、382

文天祥
三·423、526、527、530、552、555、573、889，八·233

闻一多
二·53、55、84、85、86、87、88、282，三·10、20、71、72、321、366、367、375、378、383、429、434、435、664、718、801、818、819、820、821、822、823、824、825、826、827、845、847、851、852、855、856、869、875、876、886、925、926、927、928、929、930、931、932、933、934、935、936、937、938、939、940、941、942、943、945、946、947、948、949，四·127、150，五·72、105、154，七·355、409、410，八·90、222、250

翁方纲
七·403

渥伦斯基
三·214

巫马期
六·55

吴奔星
四·129

吴昌硕
七·379

吴承恩
三·276、281,五·122,七·411

吴道子
七·389

吴调公
三·527、556

吴福辉
八·246

吴广
一·301,二·214,三·415、668

吴趼人
一·392,三·494

吴景超
二·269,五·72

吴敬梓
一·71,三·95,五·122,八·279

吴孟子
六·55

吴宓
一·525、559,二·63,三·158、402、403,四·11、12、13、14、15、16、17、19、21、22、23、25、26、30、31、32、34、35、36、38、39、49、55、56、

67、69、101,五·65、72,七·350、352

吴三元
一·111

吴荪甫
一·191、192、200、215、216、217、221、222、225、226、227、236、238、239,三·28、363、579、603、648

吴天明
七·441、442、444、446,八·95

吴沃尧
一·106

吴奕锜
五·180、181

吴用
一·12

吴虞
一·28,五·37

吴运铎
八·89

吴志克
三·774

吴子良
六·219

吴自牧
三·482

吴组缃
三·423、467

伍蠡甫
五·109

伍子胥
三·558、559

武大
八·13

武庚
六·26，八·99

武松
一·594，三·540、542、625、651，
六·326，八·13、116

武则天
三·777，八·150

X

西伯
三·188，五·133，六·130

西门庆
一·164，二·73、147、148、152、
154，七·318

西戎
二·131，三·788

西施
三·413、777，六·296，七·158

希罗多德
三·491，八·196

希帕尔
二·278

希特勒
三·167

奚大有
二·75、76

席勒
一·3，二·95，三·44、365、816、
919

夏曾佑
一·267

夏后氏
六·131，八·100

夏济安
一·191

夏目漱石
一·3、71，五·165

夏娃
二·276、277，三·570、828，八·153

夏完淳
三·552、555

夏衍
一·405、494，三·72、374，五·154、
157，七·419、432、442

夏瑜
一·14、91、392、393、397、398、585、593、619,三·229

夏志清
三·68、70,五·159

闲斋老人
三·483

娴娴
一·208、212、213、234

显克维支
一·3、480,三·469、495

祥林嫂
一·12、13、14、38、52、60、62、65、385、390、404、405、406、503、586、593,三·270、274、337、745、798、811,七·52、252、321

向培良
三·520、717

向秀
六·251

项羽
一·494、576,三·189、515、四·47

肖凤
八·18、19

肖洛霍夫
一·480、629,三·32,八·129

萧伯纳
一·71、81,二·137,三·409,五·165,七·418

萧楚女
三·4

萧涤非
七·410

萧乾
三·436、467、716、724、725

萧红
一·522,二·111、112,三·72、74、135、236、238、338、346、378、429、459、466、467、470、664、698、699、700、785、800、815,八·10、11、89、156、184

萧军
三·124、173、459、664、698、699、700、719、736,四·156,八·11、89

萧一山
四·130

萧振鸣
一·632

小仲马
一·2

谢德林
一·16、17、106、107、108

谢迪克
三·616、617

谢晋
七·439

谢林
七·120

解洪祥
八·31、34、35

解志熙
八·35、144

辛弃疾
三·106、207、212、423、858，五·156，七·61、390，八·126

信陵君
八·118

幸田露伴
三·496

熊融
一·3

熊十力
一·645，五·70、71、82，七·250，八·70

休谟
一·425、443、467

徐光耀
八·243、244

徐继畬
五·5

徐懋庸
一·354、355、357、520，三·372、520、739

徐鹏绪
八·27、30、198

徐树铮
一·108

徐锡麟
一·335、594、595，八·91

徐霞客
一·258

徐旭生
一·94

徐哲身
三·486

徐志摩
一·493，二·53、55、66、67、68、69、75、85、100、280、281、283、三·2、10、68、70、73、106、297、298、304、305、366、367、412、662、664、734、741、756、801、822、823、824、825、827、830、851、852、855、875、876、929、943、945、946、947、948，四·6、156，五·158、159，七·409，八·168

许地山
一·44、392，二·45、46、47、48、49、62，三·72、148、363、366、379、444、448、450、451、452、453、712、869，七·250，八·92、157、246、250

许广平
一·90、94、489、521、522、570、573、574，二·258，八·160、168

许杰
三·552

许穆夫人
三·263、776，八·14、16

许钦文
一·366、522、524，三·519、530、534

许慎
一·272、285，四·134，六·11、370，七·403

许世瑛
二·226，五·72

许寿裳
一·2、593，二·226，五·12、39

许仙（许宣）
一·583，三·224、225

许啸天
三·486

许由
六·237、259、260、319、322

宣颖
六·388

玄奘
二·152，七·72、349

薛宝钗
二·79、80，三·223、247，八·13

薛绥之
一·522、620、630，四·136、139、192、193、194、198、199、212，八·30、67、68、166

雪莱
一·4、171、466、592，二·95，三·323、410、495、815、816、825、919，七·360，八·81、82

荀子
一·261、468，二·241、251，三·87、514、558，五·11，六·38、99、228、233、234、317，七·403，八·114、116、120、257

Y

雅各布森
一·389

亚·沃尔夫
七·27

亚当
二·276、277，三·570，八·153

亚里士多德
一·434，二·223、275，三·180、199、202、262、269、491、873，四·18，六·334，七·128、150、223、393，八·21、55、254、257

严敦易
三·520、535、560

严复

一·71、73、293、294、311、313、438、461，三·19、87、805，四·67、85、101、112、113、114、115、118、119，五·6、15、16，七·155、156、349、357，八·64、170、194

严灵峰

六·374

严仲平

一·239

炎帝

三·176

盐谷温

一·320、324、325、326、327

阎连科

八·95

阎若璩

一·276

颜渊

一·312、370，六·5、13、31、40、56、57、58、82、86、87、108、144、146、230、231、236、284，七·64、170、393，八·101

颜真卿

七·393

宴之敖者

一·339、340、394，三·504、505、506、533

羊祜

五·11

阳翰笙

五·157

杨大顺

三·638

杨德群

一·515，三·288、798，八·278

杨刚

三·535、536、555、572

杨贵妃

三·290、291、413、441、496、560，七·158

杨霁云

一·472、520

杨绛

八·221、222、223、224、225、226、227

杨宽

六·218

杨龙友

三·552、553

杨墨

六·75、235

杨沫

三·783

杨荣国
六·218、219

杨骚
八·246

杨树达
五·72

杨献珍
一·641

杨向奎
五·66

杨毅
四·214

杨荫榆
一·320、569、570、三·132、798、四·78、79

杨玉环
三·195、196、765、777

杨占升
一·621、624、630、四·208、209、210、211、212、214、215、216、217

杨振声
一·196，二·71、三·716

杨周翰
三·300、五·109

尧
一·254、299、三·930、五·41、58、六·15、16、19、50、69、72、74、85、89、95、102、111、115、119、122、132、133、136、150、222、236、259、260、319、320、321、322、334、七·176、247、294、295、297、299、301、302、303、304、305、306、309、310、313、八·38、56

姚际恒
一·276

姚雪垠
一·104，三·571，八·129

姚莹
五·5

耶利米
一·140

耶稣
一·529，二·47，三·408，五·20，七·150、393

叶尔米洛夫
一·643

叶灵凤
一·356，三·719、724

叶圣陶
一·44、73，二·43、44、45、62、63、127，三·29、364、448、452、453、454、456、808、811，四·204，五·154，七·352

伊亨生
一·171

伊萨克
三·493

伊尹
六·12、74、75、77、153

易卜生
一·4、72、82、154、466、474,三·18、28、201、350、374、577、578、583,四·33、34,七·418、429、434,八·81、82、148

易牙
三·499

殷夫
三·379、423、839,四·205

殷海光
四·75,五·81、88

殷纣（殷纣王）
六·116,八·99、101、105、106、109、110、113、114、116

尹鸿
四·209

应修人
二·106、108,三·718、725、808

尤三姐
三·223,八·13

游国恩
五·107,七·410

有巢氏
七·45、221、294

有扈
六·237

于慈江
八·221、223、226、227

于连
一·22,二·145,三·201、376、573、611,八·94

于省吾
一·287

于是之
七·415

余凤高
一·561

余冠英
五·72,七·410

余光中
三·841,五·88

余华
七·363

余秋雨
八·222

余宗其
四·200

俞平伯
二·6、14、63、64、77、78、79、80、81、82、83、125，三·808、811，四·7，五·72、92、99、100、101、103，八·261

俞元桂
一·560，四·129

俞樾（荫甫）
一·290，四·102、103，五·10，六·310，七·404，八·65

雨果
一·4、167，二·95，三·64、118、251、264、365、410、495、825、873、919，五·156，七·360、393，八·62、81、254

禹（大禹）
一·242、254、297、299、300、388、391，三·505、506、513、533，六·12、19、35、50、69、72、75、85、89、109、115、119、122、129、236、285、334，七·45、221、247、248、294、295、297、299、300、303、304、305、306、307、308、309、313，八·38、56

喻守真
三·533

郁达夫
一·73、90、155、156、157、158、159、160、161、162、163、164、165、166、167、168、169、170、171、172、173、174、177、178、179、180、181、379、380、393、647，二·19、20、27、28、29、30、36、37、45、48、53、75、127、131、135，三·4、10、27、72、230、231、364、365、397、410、429、433、444、448、449、450、451、452、453、454、467、498、508、509、510、511、512、513、516、517、519、532、557、560、566、569、571、572、573、709、710、711、734、806、864、869，四·204，七·274、350，八·12、89、168、250、262

袁可嘉
三·854、858

袁世凯
一·296、590，四·102、103，五·13、14，七·9、245、386

乐黛云
四·203，八·71

岳飞
一·494，三·423、527、552、555，四·48，七·61

恽代英
三·4

Z

宰我
六·26、39、74、87，八·100

臧克家
二·95、116，三·72、378、383、845、846、847、849、850、869，七·409，八·126、250

曾国藩
一・294，三・527，四・93、106，七・368、374、393，八・194

曾敏之
一・522

曾朴
一・99

曾子
六・10、20、35、39、60、75、152、154，八・115

詹姆斯
一・561，三・465

张爱玲
一・159、493，二・111、112，三・68、73、79、106、109、132、162、163、238、297、299、338、340、381、382、383、394、413、434、444、470、471、472、556、662、663、664、699、719、741、756、785、800、815、869，四・156，五・158、159、162，六・318，七・318，八・10、156、157、186、218、240、250、270、272

张毕来
三・98

张碧梧
三・486

张承志
三・345、422，七・363

张春桥
二・72

张大明
三・786、793

张岱年
五・72

张道藩
二・268

张道陵
七・226

张定璜
一・524、530、546

张东荪
一・369、370、395、396，五・70

张飞
一・12

张恨水
一・356，三・297、435、475、476

张衡
七・389

张华
一・560，四・139

张惠民
八・193、195、196

张洁
三・344、345、422，八・16

张京华
一·320、321、324、325、326、327

张竞
八·166

张君劢
五·70

张君瑞
三·708

张俊才
八·64、67、68、72

张克南
二·163

张莉
八·149、151、158

张廉卿
六·9

张灵明
一·295、465

张曼青
一·220

张宁
八·143、144

张骞
七·72

张乔治
三·600、601、602、603、606、607、610、615

张瑞芳
八·132

张申府
五·72

张舜徽
八·198

张天翼
三·423、464、465、467、520、522、657、797

张炜
七·363

张文潜
六·268

张闻天
五·154

张奚若
四·71、72

张贤亮
三·345

张献忠
一·130、576

张辛欣
八·16

张旭
二·45，七·393

207

张勋

二·167、168、172，四·106，七·245

张仪

六·157

张艺谋

七·442、450、451

张宇

八·93、94、95

张择端

七·378

张之洞

四·93、106，五·2、151，七·98、243、339、368、374

张芝友

四·131

张志民

三·762

张仲景

一·472

张资平

一·356，二·35、36、37、38，三·411、437、469、561、719、724，七·108

张作霖

三·675

章秋柳

一·195、200、220

章士钊

一·109、320、525、569、570，二·104，三·132、289，四·79

章太炎（章炳麟）

一·73、109、258、259、260、261、264、265、267、268、281、282、283、284、285、286、287、289、290、291、292、293、294、295、296、297、311、312、313、335、571、594、595，二·47、235、244，四·67、85、86、93、94、101、102、103、105、109、113、114、115、117、118、119、131，五·7、8、10、11、12、13、14、15、16、17、18、19、22、25、26、29、36、50、52、53、59、61、68、75、117、127、139、151、152、170，六·219、247、266、267、269、345、346、359，七·126、155、156、194、195、357、404，八·54、58、59、60、61、62、63、64、65、71、91、170、194

章学诚（章实斋）

四·111，五·10

赵伯韬

一·192、215、221、226、239，三·28、599、600、603、605、697

赵贵翁

一·597、598、608，三·228

赵惠明

一·198、201

赵景深

一·559

赵朴初
七·379

赵树理
三·12、32、56、72、86、99、439、477、718、724、759、764、七·40、439、八·90、127

赵顺宏
五·180、181

赵五娘
八·17

赵园
一·167、168、八·143

赵正
一·12

甄宝玉
三·223、276

郑伯奇
三·375、七·432

郑鹤声
八·198

郑敏
三·801、858、862、863、八·222、223

郑玄
一·272、273、七·403

郑振铎
一·106、108、559、二·62、63、64、65、99、三·20、437、520、525、526、527、529、530、551、552、572、573、808、七·352

支道林
六·377

织女
八·182

钟敬文
一·621、624、五·69、七·24、八·166

仲弓
六·13、82、87

仲星火
八·132

周成王
六·6

周冲
三·589、590、592、594、595

周大新
八·95

周恩来
二·24、三·321、324、580、593、五·154、七·260

周立波
三·31、32、439、718、759、767、七·40、439、八·127

周良沛
三·793、795

周木斋
三·520、527

周萍
三·581、582、583、584、585、586、587、588、589、590、592、593、594、595、773

周朴园
三·196、576、577、578、580、581、582、583、584、585、586、587、588、589、590、592、593、594、595、598、600、773

周瘦鹃
一·356

周信芳
七·379、425

周扬
一·289、352、353、354、355、356、357、520、522、525、535，二·117、三·57、58、98、128、129、171、325、432、455、577、583、610、736、855、四·168，五·75、84、93、154、157、158

周瑜
二·105

周振甫
一·530

周仲驭
三·552

周作人（知堂）
一·2、3、4、45、71、73、90、159、322、335、356、447、493、521、525、546、549、550，二·1、2、5、9、10、11、12、19、38、40、62、63、64、99、106、108、135，三·22、24、62、64、68、71、87、111、132、137、229、298、312、322、323、372、379、380、425、426、427、428、429、432、437、441、469、557、561、564、651、662、663、664、672、673、674、680、681、682、683、693、697、713、714、716、720、721、724、725、727、734、745、747、757、806、808、810、811、812、869、876，四·11、25、38、41、44、46、52、56、94、119、147、156、204，五·12、37、39、40、45、50、64、70、82、84、109、158、178、179，六·353，七·37、38、91、156、344、350、357、387、432，八·63、91、162、177、178、222、250、262

宙斯
三·179、198

朱安
一·570

朱崇科
八·159、165、166、167、168、169、172、205、206、207、213、217、218、220

朱德熙
一·287，五·36

朱光潜
一·642，三·312、320、440、713、714、720、725、757、四·57、85、108、五·70、101、109、七·350

朱晦庵
七·53

朱骏声
一·286

朱丽叶
一·161，二·112

朱生豪
一·640

朱寿桐
五·171、172、173、174、175、179、180、183、184、185

朱舜水
七·349

朱彤
一·524

朱文叔
三·533

朱熹
一·472，二·245，三·873，四·97，六·4、11、49、50、91、145、383，八·96、113、114、117、121、254

朱希祖
五·12

朱湘
二·117

朱雅儒
一·180

朱元璋
三·209、667

朱正
一·522

朱自清
一·191、192、215、644，二·6、43、44、45、53、54、55、56、63、106、108、127，三·72、98、128、147、321、579、808、811、833、869、943，五·72、105、154、七·352、410，八·222、250

诸葛亮
一·12、389，二·105、117，三·382、532、五·11

祝钱虹
八·19

颛顼
二·181、182，三·506、919

庄存与
一·276

庄之蝶
二·146、147、148、152、153、154、155、157、158

庄子（庄周）

一·146、147、149、150、242、261、302、318、468，二·72、152，三·87、193、254、339、485、505、506、508、516、517、558、571、920，四·11、14、24、26、27、28、50、131、132、141、142、199，五·122，六·39、63、160、217、218、219、220、221、222、223、229、232、233、234、235、236、237、238、239、240、241、242、245、246、247、248、249、250、251、252、253、254、255、256、257、258、259、260、261、262、263、264、265、266、267、268、269、270、271、272、273、274、275、276、277、278、279、280、281、282、283、284、285、286、287、288、289、290、291、292、294、295、297、298、299、300、301、302、303、304、305、306、307、308、309、310、312、313、314、315、316、317、318、319、321、323、324、326、328、329、330、332、335、337、338、339、340、341、342、343、344、345、346、347、351、352、355、356、357、358、359、360、361、362、363、364、365、366、367、368、369、370、371、372、373、374、375、376、377、378、380、381、382、384、385、386、387、388、389、390、391，七·53、193、194、205、224、239、240、253、305、306，八·57、101、165、169、170、196、205、257、271

卓别林

六·381，七·393、429、430

卓文君

三·777

子贡

六·10、13、14、21、33、55、58、61、74、87，七·164，八·100

子罕

六·82，七·170

子路

六·4、16、58、383，七·168

子夏

一·402，六·12、47、58、74、87、154，八·274、275

子游

六·55、74、87、267、268、270

宗白华

五·70

邹红

四·215

邹容

一·296、594，四·101

邹韬奋

三·555，五·105

骆宾

六·232

骆衍

六·232

祖冲之

七·400

祖逖
三・527

左拉
一・192、480，二・40、145，三・28、363、546、611

左宗棠
七・374

书籍、作品类

A

《阿长与〈山海经〉》
一·504、576，三·360

《阿甘正传》
七·431

《阿金》
一·505

《阿褴公主》
三·520、539

《阿Q正传》
一·38、48、51、54、59、62、100、120、176、186、192、217、220、224、228、237、239、337、368、376、379、398、430、433、447、480、488、504、508、562、580、586、592、644，二·146，三·3、11、13、21、44、45、167、169、174、228、229、239、251、256、303、358、360、375、382、422、443、444、553、681、818，四·169，五·81、179，六·307，七·107、158、253、308、396

《艾凡赫》（《撒克逊劫后英雄略》）
三·493、494

《艾芜短篇小说集》
一·99

《爱，是不能忘记的》
三·344

《爱国的心》
三·929

《爱情三部曲》
二·131

《安禄山》
三·534

《安娜·卡列尼娜》
一·10、470，三·21、49、200、578、611、708，八·17、156

《安徒生童话》
三·215

《安徒生童话选集》
八·224

《奥勃洛摩夫》
三·45，八·226

《奥德赛》
三·753

《傲慢与偏见》
八·153、155

B

《八月的乡村》
三·698、699

《巴金短篇小说选集》
二·131

《巴黎茶花女遗事》
一·2

《巴黎圣母院》
一·167，七·431

《芭蕉的心》
三·561

《跋〈红楼梦考证〉》
五·52

《跋〈四游记〉本的〈西游记传〉》
五·52

《跋乾隆庚辰本〈脂砚斋重评石头记〉抄本》
五·52

《把眼光放远一点》
三·772、773

《把一切献给党》
八·89

《霸上》
三·534

《白痴》
七·431

《白光》
一·48、62、376、412，三·228

《白话文学史》
二·6，三·801，四·90，五·52，七·352

《白猫王子及其它·北碚旧游》
二·269

《白毛女》
三·439、764、770、772、773、774，七·40

《白娘子永镇雷峰塔》
一·583

《白蛇传》
三·224、225、226

《白雪歌送武判官归京》
三·892

《白杨堡》
三·520、522

《白杨礼赞》
二·43

《百花齐放》
三·415

《百家姓》
八·173

215

《百炼成钢》
二·141

《百年孤独》
三·256，八·140、226

《班主任》
一·497，三·166，七·105、334

《棒球新法》
一·209

《傍晚》
三·878

《包法利夫人》
一·10，三·200，八·156

《包身工》
三·374

《保卫和平》
三·770

《报任安书》
三·188，四·12

《豹子头林冲》
一·242，三·520、521

《暴风雨前》
三·520、543、546、547、548、550、551、552

《暴风骤雨》
三·32、439、759、767，七·439

《悲惨世界》
三·239，七·431，八·235

《悲剧的诞生》
八·82

《悲剧批评的基础》
三·180

《悲剧心理学》
三·440、720，四·108

《悲剧意识与悲剧精神》
一·637

《北斗》
三·780

《北风行》
三·280

《北海集》
三·8

《北极探险记》
一·3、110、584

《北京人》
三·28、235、374、601、606、610、772、869，八·157、218、250

《北邙山》
三·520、522

《北平笺谱》
二·64

《北望园的春天》
三·475

《北新》
三·519、530

《北游》
三·828

《北游（之十）》
三·368

《北游及其他》
二·90，三·828、829

《背影》
二·54，三·147

《被缚的普罗米修斯》
三·179、239

《被侮辱与被损害的》
三·200

《被开垦的处女地》
三·32

《奔月》
一·172、183、242、388、401、412、504，三·229、341、410、504、506、515、517、519、572

《奔月之后》
三·566

《本草纲目》
七·378

《本土语境与西方资源：现代中西诗学关系研究》
八·287

《逼上梁山》（《四十自述·逼上梁山》）
三·764、772，四·16、74，七·36、40

《鼻子》
三·496

《比较文学史》
二·63

《笔立山头展望》
三·899、914

《碧浪湖的秋夜》
三·512、519

《碧血青磷》
三·555

《边城》
一·393，三·444

《变法》
三·535、555

《变色龙》
七·434

《变天记》
八·243

《变形记》
三·256、281、365

217

《辨奸论》
三·424

《辩才禅师》
三·572

《辩证唯物论大纲》
一·641、八·22

《别了，哥哥!》
三·839

《冰神》
三·878

《兵车行》
三·198、八·232

《兵法》
三·188

《伯乐与马》
三·555

《伯牛有疾》
三·519、555、557

《柏林之围》
三·753

《博览群书》
八·186、227

《薄奠》
一·180、三·450

《薄暮》
三·555

《补天》
一·169、242、388、391、398、399、401、412、480、504，二·40、174、175、176、180、181、182，三·137、229、357、360、501、502、503、504、506、508、517、519、537、567、572、681、788，七·238、308，八·157

《不能走那条路》
八·132

《不忍杂志》
五·67

《不知肉味和不知水味》
一·505

《不周山》
二·175、180，三·501、503、519

《布尔什维克的胜利》
三·733

C

《财主的儿女们》
三·372、394

《采石矶》
一·180，三·508、509、510、512、516、517、571、572

《采薇》
一·401，三·505、506、519、572

《参孙的复仇》
一·241

《残冬》
一·194、217，二·41，三·457

《曹操剖柑》
三·555

《曹禺戏剧集·论戏剧》
三·597、598、599、601

《曹禺选集》
三·591、601、602、610

《草船借箭》
三·448

《草叶集》
三·365、876

《草原》
一·10

《层累地造成的中国古史》
一·249

《插图本中国文学史》
二·64

《茶馆》
二·116、124，三·235、240、375、605、869，八·250

《查拉图斯特拉如是说》
一·3、80、87、93、617、641，二·39

《查理第九时代轶事》
三·495

《查路条》
三·772

《查泰莱夫人》
二·157

《蝉声与牛声》
二·126、132、138

《忏悔录》
三·365

《忏余集》
三·519

《长城下之哀歌》
三·929

《长恨歌》（白居易）
三·32、195、196、290、762、765、828、889，八·232

《长恨歌》（谭正璧）
三·555、564

《长明灯》
一·40、41、42、43、54、61、173、194、224、376、412，二·40，三·228、358，七·255

《长生殿》
三·218

《长生术》
一·2

《尝试集》
二·6，三·4、72、99、115，四·41、

219

63、87，五·47

《沉寂》
三·878

《沉沦》
一·155、160、161、162、163、164、165、166、168、172、177、393，二·20、28、29，三·2、4、230、364、365、397、429、449、709

《沉钟》
三·858

《陈涉吴广》
三·520、521、522、530、554

《陈胜起义》
三·522、555

《陈胜王》
三·522

《成功》
四·78

《城市白皮书》
八·93、94

《吃人与礼教》
一·28

《迟桂花》
一·167、168、173、181，二·20、30，三·444、450

《出奔》
一·168、180

《出关》
一·388、391、402、411、480，三·505、506、519、572，七·239

《初夏一夜底印象（一九二三年五月直奉战争时）》
三·925

《初学篇外篇变法第七》
七·368

《楚霸王自杀》
三·516

《楚辞》
二·86

《传灯录》
七·218

《传奇》
三·68、382、470，八·218

《创业史》
一·104、159，三·238、239、443

《创造》
一·205、208、212、213、234

《创造与选择》
三·160

《春》（巴金）
一·640，二·131，八·243

《春》（穆旦）
三·861

《春蚕》
一·194、217、232，二·41，三·456、457

《春风沉醉的晚上》
一·180，三·433、450

《春光》
三·938

《春寒》
三·929

《春末闲谈》
一·337，四·112，七·308

《春鸟》
三·847

《春秋》
一·271，二·225，三·101、188、491，四·12，五·133，六·75、310

《春秋史》
六·19、20

《春秋左传》
四·12

《春水》
三·876、877、883、946

《春水（113）》
三·884

《春水（125）》
三·884

《春水（165）》
三·885

《春水（166）》
三·885

《春水（168）》
三·885

《春水（182）》
二·52

《春桃》
三·444、451，八·157

《春天里的故事》
三·794

《春雨之夜》
二·75

《春之末章》
三·925、926

《春之首章》
三·925、926

《春之胎动》
三·914

《纯粹理性批判》
三·272

《慈禧太后掠影》
一·99

《聪明人和傻子和奴才》
一·505，八·103

《从百草园到三味书屋》
一·504，二·199、205、209、211

《从彼得堡到莫斯科的旅行记》
一·22

《从边城走向世界》
三·103、725

《从牯岭到东京》
一·235

《从孩子的照相说起》
一·505

《从世界文学史的角度来阐释东方文学的问题》
一·99

《从思想革命到政治革命——鲁迅小说和茅盾小说的比较研究》
一·182

《从文学革命到革命文学》
一·337

《从文自传》
三·29

《从中国言语构造上看中国哲学》
一·369

D

《大八义》
二·131，三·112

《大波》
三·520、543、544、546、547、549、550、551、552

《大地的海》
三·642、643、645、646、648、651、652

《大河奔流》
八·141

《大江》
三·642、644、646、647、648、650、651、652

《大男》
三·531、535

《大闹天宫》
三·275

《大暑》
三·929

《大同梦》
七·325、335

《大同书》
一·277，五·5，七·329

《大伟人江奈生·魏尔德传》
八·225

《大卫·科波菲尔》
一·10，八·140、224

《大系》
二·63

《大学》
二·225，六·47、48、49，七·385，
八·173

《大学文选》
四·132

《大堰河——我的保姆》
三·847、848，八·261

《大泽乡》
一·242，三·520、521、522

《大宗师》
六·360、390

《戴东原的哲学》
五·52

《当代英雄》
一·4、10，三·44，八·94

《当垆》
三·556

《荡寇志》
八·239

《导师》
二·227，五·49

《悼亡妇》
二·54

《道德经》
三·605

《德充符》
六·360、386

《德国文学史》
五·109

《德意志意识形态》
三·14

《登高》
三·897、898

《登鹳雀楼》
一·509，三·292、301，四·169

《登幽州台歌》
三·303

《等待戈多》
一·470

《地道战》
一·477、640，二·131，八·243

《地底旅行》
一·3、584

《地球，我的母亲！》
三·411、412、921

《地学浅释》
七·279

《弟兄》
一·57、62、376，三·537

《弟子规》
八·174

223

《第二次世界大战演义》
三·486

《第六病室》
一·10

《第四病室》
二·131

《第四十一》
七·438

《第一阶段的故事》
一·184、228、239，二·40

《电》
二·131，八·243

《雕塑家》
三·857

《丁玲短篇小说选集》
八·22

《东北作家群小说选》
三·663

《东窗之下》
三·527、555

《东方红》
七·451

《东方文学的区域问题》
一·99

《东方文学中的"近代时期"问题》
一·99

《东方主义》
七·290

《东西民族根本思想之差异》
二·4，五·38，七·394

《东西文化观》
五·63

《东西文化及其哲学》
五·57、121，七·51、392

《东梓关》
一·181

《动物的起源》
二·275

《动物的生殖》
二·276

《动摇》
一·184、190、195、212、220，三·521

《斗争》
三·527、555

《窦娥冤》
三·218

《独立评论》
四·71、128

《读后》
四·75

《读〈呐喊〉》
一·224、588

《读书杂谈》
一·504

《读通鉴论》
七·69

《读荀》
六·69

《髑髅地》
三·878

《杜十娘怒沉百宝箱》
一·582

《渡江》
三·527

《端午节》
一·224

《断残集·关于黄仲则》
三·510

《断鸿零雁记》
一·99，三·709

《断魂枪》
三·711

《断章》
三·843

《锻炼》
一·185、224、228、239

《敦煌壁画选》
二·64

《多角关系》
一·184、224、228

《多维视野中的中国现代文学》
三·128、135

《多余的话》
三·324

E

《俄狄浦斯王》
一·470、561，三·226、239，八·235

《俄国文学史》
一·8、594

《恶之花》
三·828

《谔谔之士：名人笔下的傅斯年、傅斯年笔下的名人》
四·123

《儿女英雄传考证》
四·134

《而已集》
四·194

《而已集·答有恒先生》
一·344、345

《而已集·革命时代的文学》
一·139、341、343、360

《而已集·文艺和革命》(《文艺和革命》)
一·17

《而已集·小杂感》
五·146，六·80，七·255，八·12

《尔雅》
一·273

《二程粹言》
八·119

《二重人格》
八·225

《二马》
二·116，三·711

《二十年目睹之怪现状》
三·62

《二十四孝图》
一·505

《二十五史》
二·69，五·133

《二桃杀三士》
三·533

《二心集·"民族主义文学"的任务和运命》
一·346

《二心集·对于左翼作家联盟的意见》
一·362

《二心集·张资平氏的"小说学"》
三·411

《二月庐》
三·925、926、929

F

《发掘》
三·520、522、523

《发刊词》(《月月小说》第一卷第三号的《发刊词》)
三·495

《发生认识论原理》
七·12

《发现》
三·934

《翻身道情：解放区小说主题叙事研究》
八·243，245

《樊骏论》
四·152、176

《繁星》
三·876、877、879、884、946

《繁星（2）》
三·881

《繁星（5）》
三·882

《繁星（10）》
二·52，三·879、883

《繁星（14）》
三·882

《繁星（43）》
三·882

《繁星（45）》
三·884

《繁星（74）》
三·882

《繁星（131）》
三·882

《繁星（159）》
三·882

《反杜林论》
一·73、84、424、426、436、641，
七·30

《反对"含泪"的批评家》
二·106

《反抗绝望》
一·367、552、564，三·103，八·31

《范爱农》
三·360

《非常传媒——左联期刊研究》
八·187

《非攻》
一·402，三·505、519，七·247

《飞毛腿》
三·939

《飞鸟集》
二·63，三·876、877

《肥皂》
一·37、39、48、57、62、172、239、
376、379、385、398、412、480，三·
537、579

《斐尔丁在小说方面的理论和实践》
八·224

《废都》
二·142、144、146、147、152、153、
155、156、157、158

《〈废都〉废谁》
二·158

《〈废都〉漫议》
八·90

《费尔巴哈与德国古典哲学的终结》
一·461，三·10、13、76

《分》
三·12、364

《坟》
一·319，七·352

《坟·灯下漫笔》（《灯下漫笔》）
一·91、336、337、578，二·215，
四·112，七·244、308，八·183

《坟·科学史教篇》(《科学史教篇》)
一·76、455、456、472、551，二·46，
三·490，五·24，七·249、344、352，
八·62

《坟·论睁了眼看》(《论睁了眼看》)
一·11、231、375

《坟·摩罗诗力说》(《摩罗诗力说》)
一·3、4、17、46、86、139、140、
174、313、333、334、468、471、472、
580、584、589、590、591，二·39，
三·23、48、186、237、268、495、
791、901，七·91、236、237、250、
345、352，八·62、86

《坟·娜拉走后怎样》(《娜拉走后怎样》)
一·91、127，七·308，八·184

《坟·题记》
一·470、591

《坟·未有天才之前》(《未有天才之前》)
一·92、571，四·143

《坟·文化偏至论》(《文化偏至论》)
一·75、80、81、84、174、260、294、
295、333、462、465、472、473、545、
550、551，三·436、529，五·25，
六·351，七·91、234、235、344、
352，八·62、82、86

《坟·写在〈坟〉后面》
二·227、239，七·242

《坟·杂忆》(《杂忆》)
一·3、5、46、139、334、589、591

《坟·再论雷峰塔的倒掉》(《再论雷峰塔的倒掉》)
一·87、120、130、579

《焚草之变》
三·534

《焚券》
三·531、535

《焚书》
三·555

《风波》
一·48、54、68、173、186、220、379、
388、398、404、412、480、580，二·
167、172，三·228、360、376、925，
六·307，七·254

《风雷》
七·439

《风雷记》
八·243

《风雪人间》
三·783

《风云初记》
一·477、640，二·131，八·243

《封神演义》
三·382

《夫妻识字》
三·772、774

《芙蓉镇》
一·99

《浮出历史地表之前——中国现代女性写作的发生》
八·149、158

《浮生六记》
三·218

《浮士德》
三·225、239、281，八·226

《浮躁》
二·145

《福尔摩斯侦探案》（《福尔摩斯包探案》）
一·2

《腐蚀》
一·185、198、201、224、229、236

《父亲的病》
一·505、598，三·147

《复仇》
一·93、529

《复仇（其二）》
一·505、529，二·47、三·357、409

《复活》
一·10，三·21、322、361、495，八·226

《赋得古原草送别》
二·260、261、264

《傅雷家书》
八·222

G

《垓下》
三·534

《改制考》
一·268

《甘地》
七·431

《赶车传》
三·762、767

《感遇诗之三十四》
三·889

《钢铁是怎样炼成的》
一·477，二·131，八·224

《高加索民间故事》
二·64

《高老夫子》
一·48、57、62、172、376、385、412，三·537

《高老头》
三·239、256、611，八·94

《高祖本纪》
三·481

《革命军》
一·296，四·101

《革命与知识阶级》
一·350

《格林童话》
三·215

《隔绝》
二·113

《隔绝之后》
二·113

《给战斗者》
三·849、850

《根》
三·853

《公孙鞅》
三·535、555、572

《共产党宣言》
一·641，三·14、246、577，四·61、68、103，七·30

《贡臣》
三·925

《狗》
三·375

《狗·猫·鼠》
一·505

《狗的驳诘》
一·505

《狗儿爷涅槃》
三·869，八·250

《孤独者》
一·14、38、40、41、42、43、48、49、62、175、204、207、208、211、379、384、386、412、480，三·228、341、358、634

《孤愤》
五·133

《孤雁》
三·932

《孤竹君之二子》
三·365

《古典的与浪漫的》
三·30

《古今伪书考》
一·266、276

《古今伪书考序》
一·266

《古今小说》
一·12

《古今小说·赵伯升茶肆遇仁宗》
六·238

《古老的回声——阅读中国古代文学经典》
三·290，八·1

《古史辨》
一·249、297，五·68，六·218

《古史辨自序》
一·249、267、268、282，283、305，四·115、116、117、118、121，五·68

《古文观止》
三·118

《古文尚书考异》
五·68

《古小说钩沉》
一·322

《古尊宿语录》
七·218

《〈故事新编〉的思想意义和艺术风格》
一·525

《〈故事新编〉及其他》
一·525

《故事新编》
一·183、242、376、379、388、390、391、393、400、525、644，二·85、180，三·229、281、357、358、370、371、422、505、506、507、519、523、542、543、557、571、572

《故事新编·序言》
一·169，二·175、180，三·537、567、573

《故乡》
一·39、49、61、178、179、180、186、379、381、384、407、410、480、504、592，二·183、189、191、192、193、194、195、196、197、198，三·228、275、363、376、461、795，六·242，七·237、308，八·61

《顾颉刚如是说：鲁迅〈中国小说史略〉蓝本事件》
一·320

《关雎》
三·271，六·41

《关于〈哀尘〉、〈造人术〉的说明》
一·3

《关于〈老子〉成书年代之一种考察》
六·218

《关于建立中国现代文学"史料学"的建议》
八·200

《关于解放以来的文艺实践情况的报告》
一·363

《关于马克思主义方法论的几个问题》
一·625

《观沧海》
三·889

《官场现形记》
三·62

231

《〈桂公塘〉篇末附记》
三·527

《桂公塘》
二·64，三·437、520、525、526、527、529、530、572、573

《"郭沫若在日本"学术讨论会论文集》
三·902

《郭小川精选集》
八·260、264

《国故论衡》
五·13、17、19，七·404

《国故论衡小学集说》
一·286

《国民军北伐演义》
三·486

《国民之敌》
一·82

《国手》
三·925

《国外鲁迅研究论文集》
一·98

《国学概论》
五·13，六·266、267

《国学讲习会序》
五·12

《国语》
三·188、558，五·133

《国语文学史》
五·52

《国战演义》
三·486

《果戈理对鲁迅前期小说创作的影响》
一·26

《过客》
一·505、529，三·358、559、560

《过零丁洋》
三·889

《过去》
一·167、168、173，三·450

H

《哈姆雷特》
一·470，三·45、239，七·419、420、431，八·226、232

《孩子》
三·878

《海滨故人》
二·59，三·364、786，八·10

《海底旅行》
一·2

《海港》
三·345

《〈海国图志〉叙》
七·96

《海国图志》
五·5，七·96

《海鸥》
七·420

《海外中国：华文文学和新儒学》
五·180、181

《海行杂感》
三·894

《函谷关》
三·516

《韩非子》
七·158

《韩非子·八说》
七·176

《韩非子·备内》
七·174

《韩非子·二柄》
七·175

《韩非子·奸劫弑臣》
七·305

《韩非子·六反》
七·174、175

《韩非子·难三》
七·175、177

《韩非子·难势》
七·177

《韩非子·饰邪》
七·174

《韩非子·五蠹》
七·176

《韩非子·显学》(《显学》)
六·68，八·118

《韩非子·心度》
七·175

《韩非子·有度》
七·175

《韩非子新校注》
八·118

《韩世家》
六·233

《寒山拾得》
三·496

《寒夜》
三·236、376

《汉宫秋》
三·218

《汉书》
一·273，三·481、483，八·240

《汉书·艺文志》
一·271、272、273，三·481，五·19，

六·283

《汉魏丛书》
一·266

《汉文学史纲要》
一·300，五·27，六·234、291，七·238、239

《汉语新文学概念建构的理论优势与实践价值》
五·174、179

《汉语新文学通史》
五·173、174

《好的故事》
二·255、258、259

《何典》
三·25

《何去何从》
一·184

《何忍？》
三·878

《荷马史诗》
三·753

《荷塘月色》
二·54

《黑暗王国的一线光明》
一·643

《黑水岩》
三·791、792

《红高粱》
七·442、448

《红荷之魂》
三·925、926

《红楼复梦》
三·48

《〈红楼梦〉辨》
二·78

《〈红楼梦〉考证》
四·88、134，五·52

《〈红楼梦〉评论》
四·109、110

《〈红楼梦〉研究》
二·78，四·7，五·92、99、100、101、103

《红楼梦》
一·72、104、105、108、296、324、325、370、430、445、478、519、642，二·77、78、79、80、81、82、83、145，三·20、28、42、48、62、106、111、112、113、166、167、218、221、222、223、225、226、236、237、241、251、255、257、272、276、278、281、305、311、315、336、361、373、443、444、445、446、451、483、495、540、628、632、634、701、705、708、727、804、811、871，四·85、101、109、110、111，五·6、14、33、100，六·

285、313、318、345，七·4、61、158、209、309、312、322、378、402、410、422、446，八·13、140、164、183、226、232、240、252、269、276、278

《红旗谱》
三·238，七·402

《红日》
一·99，三·238，七·442

《红笑》
一·4

《红岩》
三·238

《红与黑》
一·22，二·145，三·44、200、364、611，八·94、140

《红楼圆梦》
三·48

《红烛》
二·85，三·822、845、925、929、937

《红烛·孤雁篇》
三·929

《虹》
一·184、190、194、199、200、203、204、209、211、212、214、217、220、223、229、236，二·40，三·783

《后汉书》
三·483

《后汉书故事》
三·533

《后红楼梦》
七·309

《厚道》
六·80

《呼兰河传》
三·236、346，八·156

《呼啸山庄》
三·239、340、346，八·140、153、155、272

《花儿开过了》
三·925、926

《华盖集·北京通讯》
一·349，二·236

《华盖集·导师》(《导师》)
二·227，五·49

《华盖集·忽然想到（五）》
一·90

《华盖集·忽然想到（五至六）》
一·175

《华盖集·忽然想到（六）》(《忽然想到（六）》)
一·349，二·236，八·137

《华盖集·忽然想到（十）》(《忽然想到（十）》)
一·9

235

《华盖集·青年必读书》(《青年必读书》)
一·256、478、640，二·222、224、226、227、231、233、235、241、242、243、244、245、246、247、248、249、251，三·18、405，四·83、84，八·225

《华盖集·十四年的"读经"》
一·189、578

《华盖集·题记》
一·90、231

《华盖集·通讯》
一·94、95

《华盖集续编》
二·212

《华盖集续编·不是信》(《不是信》)
一·324

《华盖集续编·记念刘和珍君》(《记念刘和珍君》)
一·337、382、495、503、504，三·166、167、288、289、681，四·194，七·245、308，八·172、278

《华盖集续编·聊答"……"》
二·233、251

《华伦斯坦》
三·44

《华威先生》
三·465、657

《华文文学是一种独立自足的存在》
五·180、181

《画皮》
一·583，三·448

《话说长江》
三·283

《怀旧》
一·4、322、575、576、578、579、580、581、582、583、584、585、586、587、591，三·357

《怀沙》
三·527

《怀沙集》
三·554

《淮南子》
三·558

《淮南子·本经训》
六·321

《淮南子·览冥训》
四·21

《还家》
三·794

《还乡后记》
一·179

《还乡记》
一·179

《幻灭》
一·184、189、190、195、203、212、220，三·521

《荒村》
三·939

《皇帝的新装》
三·275、293

《黄公俊之最后》
三·520、525、527

《黄花节的杂感》
一·505

《黄昏》
三·925

《黄鸟》
三·925

《黄土地》
七·439、448

《黄心大师》
三·572

《恢复》
三·415、818，六·318

《回忆鲁迅》
一·521

《毁灭》
三·239、520、525、527、551、552、572、752

《蕙的风》
二·106、108、180

《火》
一·505

《火车擒住轨》
二·85，三·366、825

《火焰》
八·12

《火种》
三·555

《夥涉为王》
三·522

《或人的悲哀》
八·10

《霍小玉传》
三·202

J

《饥饿的郭素娥》
三·372

《鸡窝洼人家》
二·146，七·447

《激荡的百年史》
一·140

《激流三部曲》
一·477，二·131

《吉尔·布拉斯》
八·225

《〈集外集〉序言》
一·589

《集外集》
一·520

《集外集·文艺与政治的歧途》(《文艺与政治的歧途》)
一·17，三·324，五·155

《集外集·赠邬其山》
七·251

《集外集拾遗·〈何典〉题记》
三·25

《集外集拾遗·今春的两种感想》
七·251

《集外集拾遗·英译本〈短篇小说选集〉自序》
一·24

《集外集拾遗·自题小像》(《自题小像》)
一·333

《集外集拾遗补编·开给许世瑛的书单》
二·226

《集外集拾遗补编·破恶声论》(《破恶声论》)
一·86、174，七·254

《己亥杂诗》
四·205

《祭孔令》
七·386

《纪念鲁迅诞辰百周年北京学术讨论会论文选》
一·427

《纪念鲁迅诞辰百周年论文集》
一·427

《寄小读者》
二·50

《家》
一·640，二·131，三·124、125、235、236、278、394、631、634、712、869，八·243、250

《家庭、私有制和国家的起源》
一·153，三·9、10、578

《家庭的故事》
二·64

《甲骨文、〈说文〉与鲁迅若干文学作品的内部关系研究》
一·285

《贾长沙痛哭》
三·516、519

《贾家的系谱》
一·324、325

《贾氏谱》
一·324、325

《艰难时世》
八·224

《简·爱》
三·200、340、346、364、789，八·140、148、153、155、156、272

《简帛古书与学术源流》
五·107、108

《建设理论集》
八·199

《剑匣》
三·925

《谏迎佛骨表》
三·424

《江城的怒吼》
三·527、555

《江浙战争演义》
三·486

《将军底头》
三·520、538、539、572

《讲话》
三·760、761、763、764，七·40

《娇红记》
三·218

《教授杂咏（其一）》
二·18

《接舆之歌》
三·555

《劫后拾遗》
一·185、228、239

《今日之教育方针》
二·4

《金刚经》
二·47

《金瓶梅》
二·73、147、152、157，三·222、444、445、483，七·318

《金钱》
二·145，三·611

《金石识别》
七·279

《金锁记》
三·382、394、444、472，七·318

《金玉奴棒打薄情郎》
三·448

《金玉缘》
二·77

《进化论讲话》
一·471

《近代理性·现代孤独·科学理性》
八·31、34

《近二十年文艺思潮论》
三·98、128，四·148

《近思录集注》
一·403

《禁军教头王进》
三·522

《禁用洋货议》
七·367

《经首》
六·382

《经验与真理：中国文学真实观念的历史和结构》
八·256、259

《荆生》
二·16，三·392，五·162，七·390，八·220

《惊爱如同一阵风》
三·885

《精神"故乡"的失落——鲁迅〈故乡〉赏析》
八·3

《精神界之战士》
一·535

《精卫填海》
三·301

《警世通言》
一·12、583

《敬告青年》
二·3、4，三·337、487，五·38，七·91、345，八·270

《静静的顿河》
三·752，七·431、438，八·129

《静夜思》
三·931

《〈镜花缘〉引论》
五·52

《镜花缘》
三·706、707

《镜子》
一·434

《鸠摩罗什》
三·520、539、572、698

《九辩》
三·187

《九峰山下》
三·795、798

《九歌》
三·859

《九三年》
三·495

《九月九日忆山东兄弟》
三·931

《旧约》
三·605

《旧约·耶利米书》
三·606

《居》
一·283，五·67

《巨炮之教训》
三·918

《巨人传》
八·225

《距离的组织》
三·843、844

《卷施》
二·113，三·786

《决斗》
一·4

《俊友》
一·10，三·364、611

K

《卡夫卡小说集》
八·286

《卡拉玛佐夫兄弟》
八·140、226

《开放时代》
四·9

《开元礼》
六·42

《坎特伯雷故事集》
一·22，三·215

《康熙字典》
一·403

《康辎纪行》
五·5

《康有为在西安》
四·137、199

《〈科尔沁旗草原〉与〈红楼梦〉的创作比较》
三·628

《科尔沁旗草原》
三·624、626、627、628、629、630、631、632、634、635、636、637、638、639、642、643、648、651、652、700

《科学的古史家崔述》
五·52

《可恶罪》
一·505

《客西马尼花园》
三·878

《空虚》
一·178

《孔夫子吃饭》
三·514、519、574

《孔雀东南飞》
三·32、142、190、191、201、762、765、828，八·13、17

《孔乙己》
一·14、48、62、63、222、223、229、239、379、380、383、385、388、390、391、412、413、415、416、422、480、488、504、508、592，二·195，三·13、228、229、293、360、447、448、503，七·308

《孔子改制考》
一·267、277，四·120，五·5、21、67，七·79，八·71

《孔子社会学说的逻辑构成》
六·83、243

《口供》
三·937

《骷髅集》
三·554

《苦菜花》
三·238

《苦寒行》
三·910

《苦闷的象征》
一·561

《夸父追日》
三·301

《〈狂人日记〉细读》
八·3

《狂人日记》
一·3、36、37、39、40、41、42、43、44、48、50、54、62、127、155、174、194、198、222、223、224、295、323、337、362、379、385、386、388、390、391、392、406、412、437、447、480、488、568、579、581、582、588、591、592、593、594、595、596、597、598、599、600、601、603、604、606、609、610、611、614、615、616、617、618、644、646，二·40、48、195，三·2、3、38、137、162、163、167、227、228、230、237、239、257、258、303、322、357、358、365、383、388、391、409、422、432、447、448、475、498、503、611、639、681、717、733、914、915、942，四·55、63，五·81、179，七·242、399、445，八·18、60、128、163、217、279

《傀儡美人》
三·520

《困学纪闻·十》
六·268

L

《"来了"》
一·576

《浪漫的与古典的》
二·101

《老兵新传》
八·132

《老残游记》
一·99

《老古玩店》
八·224

《老井》
七·441、446

《老马》
三·846

《老张的哲学》
二·116，三·375

《〈老子〉书晚出补证》
六·219

《老子》
一·487，三·253、254、255、五·126、145、六·43、163、164、166、168、170、171、172、174、177、180、181、183、184、185、189、194、195、196、197、198、199、200、201、202、203、204、205、206、207、209、210、211、213、214、215、216、218、219、220、221、222、234、236、248、249、250、267、285、288、296、301、302、305、308、312、334、362、376、七·155、157、182、183、185、186、187、188、189、190、191、192、193、222、305、八·55、107、195

《老子杂辨》
六·218

《〈雷雨〉序》
三·584、598、610

《雷雨》
一·212，二·112，三·28、196、235、303、374、394、397、413、429、576、577、580、581、582、584、586、587、588、589、591、592、593、594、595、596、597、598、600、601、604、606、610、773、869、七·450、八·14、17、157、218、250

《雷雨四幕剧》
三·594

《冷斋夜话》
三·890

《离婚》
一·37、48、54、62、170、376、379、480，二·116，三·228

《离骚》
一·300，三·186、188、267、268、290、303、438、803、859、五·133，七·378，八·232、235、278

《离殷》
三·555

《黎明》
三·878

《礼》
一·271

《礼记》
一·271，二·225，六·34、35、49，八·173

《礼记·礼运》
七·170、329

《礼记·中庸》(《中庸》)
二·225，五·109，六·47、48、49，八·173

《李白与杜甫》
二·26，八·117

《李白之死》
三·925、927、931

《李家庄的变迁》
三·764

《李师师》
三·520

《李双双》
七·442，八·132

《李有才板话》
三·439、764，七·439

《李自成》
一·104，三·571，八·129

《理水》
一·242、388、391、401、412、480、504，三·505、506、519、572，七·247、307

《理想国》
二·275，七·329

《理性与良知——张东荪文选》
一·369

《历史》
三·491

《历史的沉思——鲁迅与中国现代文学论》
一·181、242

《历史人物·论郁达夫》
一·169，三·509

《历史小品集》
三·520、556

《历史小说总序》
三·494

《历史语言研究所工作之旨趣》
四·136，五·66

《厉王监谤记》
三·535、555

《立论》
一·505

《立在地球边上放号》
三·891、902、911、914

《良家妇女》
八·13

《梁山伯与祝英台》
三·224

《粮食》
三·775

《两当轩全集》(《全集》)
三·510

《两地书》
一·129、573，二·258，五·39

《两地书（4）》
一·90

《两地书（8）》
一·94

《两地书（24）》
一·90

《两同学》
三·534

《两种现实主义小说的两种艺术趋向——鲁迅小说和茅盾小说的比较研究之二》
一·218

《聊斋志异》
一·583，三·281、382、444、811，七·411

《廖平的"经学六变"及其意义》
一·276、277

《列宁格勒保卫战》
七·438

《猎人笔记》
一·22、24

《林海雪原》
一·393，三·238，七·442

《林徽因诗集》
二·110

《林家铺子》
一·217、224、230、236，二·41

《林纾评传》
八·64、68、72

《林纾研究资料》
八·67

《林下偶谈》
六·219

《灵魂的挣扎》
三·1

《刘震云是个大作家》
八·95

《留东外史》
三·709

《六经》
五·67

《龙须沟》
二·116、124

《笼着烟雾的临安》
三·555

245

《陋室铭》
三·929

《庐隐集外集》
八·19、184

《庐隐年谱》
八·19

《庐隐外集》
八·9

《庐隐选集》
八·19

《庐隐著作系年目录》
八·19

《庐隐传》
八·19

《炉中煤》
三·918

《鲁滨孙漂流记》
一·22

《〈鲁迅回忆录〉正误》
一·522

《〈鲁迅全集〉研究》
八·28

《〈鲁迅杂感选集〉序言》
一·84、350，二·266，四·148

《鲁迅·革命·历史》
一·328

《鲁迅〈野草〉注解》
二·253

《鲁迅大辞典》
八·27

《鲁迅的故家》
一·521

《鲁迅回忆录》
一·521，二·226

《鲁迅及其先驱者》
一·98、100、102、103、110

《鲁迅讲学在西安》
一·522，四·136

《鲁迅旧诗笺注》
一·530

《鲁迅论》
一·224，四·130、148、149

《鲁迅论美术》
一·530

《鲁迅年表》
四·136

《鲁迅批判》
一·524

《鲁迅前期小说与安特莱夫》
一·26

《鲁迅前期小说与俄罗斯文学》
一·27、100、427、560、620、621、

623，八·2、4

《鲁迅全集》
一·260、295、296、299、300、313、324、355、477、478、479、481、482、487、510、520、571、573、610、637、640，二·77、180、241，三·186、268、278、315、529、735、789、791，四·22、64、77、84、101、102、105、135、143、174，五·14、15、24、25、26、39、49、146、155、157，六·9、234、285、291、337、345、351、352，七·238、239、255、279、307、308，八·21、28、37、64、65、99、102、126、137、160、164、183、199、243、280

《鲁迅全集补遗》
一·520

《鲁迅全集补遗续编》
一·520

《鲁迅三十年集》
八·28

《鲁迅生平史料汇编》
四·136，八·27、30、166

《鲁迅生平资料丛钞》
一·522，四·198

《鲁迅诗歌注》
一·530

《鲁迅是怎样描写人物的》
一·85

《鲁迅思想的分期与发展道路》
四·136

《鲁迅先生》
一·522、524

《鲁迅先生的幼年时代》
一·522

《鲁迅小说的叙事艺术》
一·637，八·2

《鲁迅小说里的人物》
一·2、521

《鲁迅小说论集》
一·524

《鲁迅小说诗歌散文选》
二·253

《鲁迅小说史大略》
四·133

《鲁迅小说中的话语形构："实人生"的枭鸣》
八·205、206、220

《鲁迅行年考》
四·136

《鲁迅学文献类型研究》
八·27、28

《鲁迅研究的书目提要》
四·136

《鲁迅研究概述》
一·524

《鲁迅研究资料编目》
一·522

《鲁迅研究资料丛书》
四·192

《鲁迅与儿童教育》
八·173

《鲁迅与郭沫若》
四·136

《鲁迅与瞿秋白》
四·136

《鲁迅与日本文学》
一·560

《鲁迅与陀思妥耶夫斯基》
一·560

《鲁迅与外国作家》
一·560

《鲁迅与王国维》
一·102

《鲁迅与中国文化》
一·637

《鲁迅与中外文化》
一·446

《鲁迅与中外文学遗产论稿》
一·560

《鲁迅与庄子》
一·72

《鲁迅语言辞典》
八·206

《鲁迅粤港时期史实考述》
八·166

《鲁迅杂文辞典》
四·192，八·27、30

《鲁迅杂文的特质》
三·127

《鲁迅杂文的艺术特征》
一·526

《鲁迅杂文中的人物》
四·139、195

《鲁迅在广州》
八·166

《鲁迅在广州的日子》
一·522

《鲁迅在厦门》
一·522

《鲁迅在世界文学史上的地位》
一·560

《鲁迅在西安》
四·136、198

《鲁迅中国小说史研究系年》
一·322

《鲁迅纵横观》
一·111

《鲁迅作品的分析》
一·524

《鲁迅作品的特点及世界鲁迅学》
一·99

《鲁迅作品教学异议》
四·139

《鹿马传》
三·535、555

《路》
一·184、220、236

《鹭鸶》
三·906、907

《旅怀》
三·526

《旅行》
二·113

《吕览》
五·133

《吕梁英雄传》
二·131

《吕氏春秋》
三·514、558，七·403

《略论中国人的脸》
一·505

《略叙文学研究会》
二·62

《论20世纪的中国诗歌》
一·99

《论〈野草〉》
一·528、529，二·253

《论"费厄泼赖"应该缓行》
一·337

《论"世界文学史"结构的不同方案》
一·99

《论阿Q精神胜利法的哲理和心理内涵》
一·560

《论阿Q性格系统》
一·562

《论道》
五·71

《论东方的浪漫主义问题》
一·99

《论汉语新文学的文化归宿感》
五·179、180

《论考察亚非文学中使用共同原则的可能性》
一·99

《论庐隐的创作道路》
八·19

《论鲁迅小说的现实主义》
一·20、427、639

《论鲁迅与中国文学》
一·529

《论契诃夫的戏剧创作》
一·643

《论情节的典型化和提炼》
一·643

《论人民民主专政》
一·5、293、359

《论语》
一·271、273、487，二·222、225，三·339、803，四·59、61，五·125，六·1、3、4、7、11、12、14、15、17、18、20、26、29、34、38、39、40、42、44、47、48、49、55、56、58、64、65、79、145、152、219、236、334，七·157、227、303，八·107、173、195、196、271

《论语·八佾》
三·271，六·6、22、25、26、29、30、32、35、37、40、41、42、58、80、86、108、222、244，七·64、304、366、八·98、100、101、274

《论语·公冶长》
三·888，六·12、17、54、55、83、94、146、383，七·181

《论语·季氏》
一·454，三·184、271，六·9、18、23、32、46、63、107、222，七·164、181，八·275

《论语·里仁》
六·10、16、32、36、50、62、66、83

《论语·述而》
一·132，三·271，四·108，六·3、4、6、8、11、14、15、17、23、25、35、40、43、44、46、54、55、57、61、62、76、81、83、86、90、108、146、362、383，七·303，八·126

《论语·泰伯》
三·271，六·15、32、35、40、41、44、46、60、63、73、135、152、222，七·303，八·102、115

《论语·微子》
六·18

《论语·卫灵公》
三·271，六·4、8、10、13、15、16、22、29、32、66、67、73、222，七·64、164、303，八·101、115、116

《论语·为政》
三·271，六·3、7、22、29、31、32、35、36、41、44、45、51、57、76、79、107、284、325、362，七·163、171

《论语·先进》
六·35、40、58、87、108、146

《论语·宪问》
六·3、4、16、23、29、39、63、73、76、83、108、126、146、383，八·115

《论语·学而》
一·369，六·4、14、23、25、26、27、29、32、33、35、36、39、八·107

《论语·颜渊》
三·920，四·108，六·12、13、14、22、31、32、45、82、86、108，七·164、169、170、302

《论语·阳货》
二·275，三·271，六·8、13、32、33、39、41、46、53、55、79、82、94、157，七·181，八·101、106、119、173

《论语·尧曰》(《尧曰》)
六·107，七·303

《论语·雍也》
一·132，六·15、35、44、45、47、79、87、108、135、281，八·103、106

《论语·子罕》
四·108，六·5、40、55、58、61、76、81、82、88、108、237，七·170、171、181，八·106、114

《论语·子路》
三·271，六·13、14、15、29、36、83、135、146、149、237、264、300，七·168

《论语·子张》
六·18、20、39、47，八·100

《论中国长篇小说里的"游记"体裁》
一·99

《论中国现代文学研究的当代性》
四·169、177

《论作家的创作个性和文学的发展》
一·643

《〈罗生门〉译者附记》
三·496

《罗大斗的一生》
三·474

《罗兰之歌》
三·215

《罗马史》
八·196

《罗马衰亡史》
三·843

《罗密欧与朱丽叶》
一·161，二·112，三·42，七·402

《罗生门》
三·496

《骆驼祥子》
一·104，二·116、121，三·235、375、394、711，八·14、140

《烙印》
三·847

《落花生》
三·148

M

《马克思恩格斯全集》
五·104，七·84

《马克思恩格斯选集》
一·73、77、96、424、426、435、436、441、444、641，三·246、577、578、582，七·30

《马氏文通》
一·287，五·36

《马嵬》
三·535、560

《马嵬驿》
三·535、572

《马校长》
三·796、797、798

《骂人的艺术》
二·101

《埋香》
三·542、572

《麦克白》
三·44

《麦克佩斯》
三·44，八·235

《卖火柴的小女孩》
三·275，八·94

《卖炭翁》
三·198、765、847

《满城尽带黄金甲》
七·450

《谩》
一·4

《忙人》
三·375

《茫茫夜》
一·165、172

《猫城记》
一·99，二·116、123、124，三·375

《毛诗》
一·273

《毛诗古音考》
五·68

《毛诗笺》
一·273

《毛泽东选集》
一·293、359，八·21、23、47

《矛盾论》
五·79，六·162

《茅盾心目中的鲁迅》
四·136

《茂陵的雨夜》
三·560

《美的历程》
二·142

《美狄亚》
三·196、226

《美学》
一·487，二·274、278

《美与爱》
三·926

《蒙娜丽莎》
一·561

《孟夫子出妻》
三·514、519、574

《孟姜女哭长城》
三·224

《梦》
三·522

《梦珂》
三·782，八·156

《梦粱录》
三·482

《梦游天姥吟留别》
三·889

《梦之研究》
三·537

《孟子》
二·225，三·272，六·47、73、77、79、137，八·173、196

《孟子·告子上》
六·97、100、101、102、104、105、109、110、111

《孟子·告子下》
六·90、95、127、128、132、136

《孟子·尽心上》
六·90、91、107、111、112、126、130、136、150、156，七·205

《孟子·尽心下》
六·91、97、106、124、125、129、132、138

《孟子·离娄上》
六·77、90、92、106、125、126、138、142、148、150、151，八·119

《孟子·离娄下》
六·75、89、103、105、109、129、158

《孟子·梁惠王上》
六·89、90、92、96、120、126、128、129、130、134、136、137、153

《孟子·梁惠王下》
六·90、123、128、133、134、137、140、141、142、143，七·368

《孟子·公孙丑上》
六·73、74、75、90、96、106、117、125、153、154、155、156，八·108、116

《孟子·公孙丑下》
六·137、141，七·167，八·131

《孟子·滕文公上》
二·240，六·73、75、89、119、120、121、131、132、136，七·205、367

《孟子·滕文公下》
四·12、24，六·28、75、80、132、137、140、141、157、224、235，七·167、194、371，八·99、118

《孟子·万章上》
六·77、111、140

《孟子·万章下》
六·74

《迷羊》
一·167

《米》
三·780、781、782、783、784

《蜜桑索罗普之夜歌》
三·914

《棉被》
一·3

《灭亡》
三·236

《民国春秋演义》
三·486

《民俗学浅说》
二·64

《民族文学·比较文学·总体文学·世界文学》
三·46

《名利场》
八·224、225

《名人和名言》
一·260

《明天》
一·62、170、173、198、376、377、412，三·137

《命命鸟》
二·48

《末光》
一·4

《陌上桑》
三·765

《莫斯科保卫战》
七·438

《莫斯科不相信眼泪》
七·438

《莫须有先生传》
三·379

《墨子》
六·28，七·197

《墨子·非攻上》
七·198

254

《墨子·非命上》
七·204

《墨子·耕柱》
七·204

《墨子·贵义》
七·204

《墨子·兼爱中》
六·28，七·199、306

《墨子·经上》
七·198

《墨子·明鬼下》
七·201

《墨子·天志上》
七·200

《墨子·天志中》
七·200、201

《墨子间诂》
七·404

《墨子学案》
七·404

《默》
一·4

《母亲》
三·624、625、626、783

《牡丹亭》
三·42

《木兰辞》
三·32、765、828，八·17

《牧马人》
七·439，八·13

N

《拿破仑与隋那》
一·505

《男女交合新法》
一·209

《男人的一半是女人》
三·345

《南都之变》
三·527、552、555

《南华真经疏》
四·131，六·377

《南迁》
一·165、166、167、178

《南腔北调集·〈竖琴〉前记》
一·9

《南腔北调集·〈自选集〉自序》
一·337、372

《南腔北调集·"论语一年"》（《南腔北调集·"论语一年"——借此又谈肖伯纳》）
一·347，二·275

《南腔北调集·谈金圣叹》
三·222

《南腔北调集·我怎么做起小说来》
一·2、4、373，二·180、240，三·315

《南腔北调集·小品文的危机》
二·241

《南腔北调集·祝中俄文字之交》
一·2、25

《南行记》
二·141，三·422、460

《〈呐喊〉的评论》
一·599

《〈呐喊〉分析》
一·524

《〈呐喊〉自序》
一·46、141、187、231、313、372、377、590，二·240，三·275、278、362、391、407、414，四·174，七·248

《呐喊》
一·21、28、29、30、31、32、33、34、35、36、38、39、40、45、46、47、48、50、51、52、53、54、55、56、57、58、59、61、62、63、64、65、66、67、68、69、104、183、202、319、376、379、428、429、431、432、524、525、547、581、582、588、592、593、598、624、627，二·33、39、47、85、174，三·278、315、357、358、371、595，六·

345，七·352

《内》
六·217、218

《泥泞》
一·192

《倪焕之》
三·364

《你看》
三·938

《念奴娇·赤壁怀古》
三·897、898

《茑萝行》
一·179

《孽海花》
一·99

《牛郎织女》
三·224，八·182

《牛虻》
三·346、712，七·431

《牛棚杂忆》
八·222

《牛天赐传》
一·99

《牛头山》
三·520、530、535

256

《农村三部曲》
一·217、230、236、237

《农村散记》
一·477、640，二·131

《奴隶制时代》
二·26，五·75

《〈女神〉之时代精神》
三·366、886

《女儿经》
三·796

《女国的毁灭》
三·566

《女人》
二·274、275、276、277、278

《女神》
二·25，三·21、366、818、886、889、896、911、918、921，六·318

《女神·晨安》（《晨安》）
三·893、914

《女神·辍了课的第一点钟里》（《辍了课的第一点钟里》）
三·918、922

《女神·凤凰涅槃》（《凤凰涅槃》）
三·365、899、945

《女神·光海》（《光海》）
三·898、914、918

《女神·雷峰塔下（其二）》
三·923

《女神·梅花树下醉歌》（《梅花树下醉歌》）
三·912、914

《女神·我是个偶像崇拜者》（《我是个偶像崇拜者》）
三·896、898、902、913、914

《女神·序诗》
一·46

《女神·浴海》（《浴海》）
三·895、912、914

《女神之再生》
三·365、919

《女小说家》
八·15

《女性世界和女性文学——致张抗抗信》
八·17

《女子高等教育与中国现代女性文学的发生》
八·265、273

O

《欧也妮·葛朗台》
三·45、200、611

《欧游心影录》
五·58，七·391

257

《欧洲文学史》
三·300，五·109

P

《判断力批判》
三·818

《〈彷徨〉分析》
一·524

《彷徨》
一·21、28、29、30、31、32、33、34、35、36、38、39、40、45、46、47、48、50、51、52、53、54、55、56、57、58、59、61、62、63、64、65、66、67、68、69、93、170、183、202、376、379、428、429、431、432、524、525、547、581、582、593、624、627，二·33、39、85，三·315、358、371、595、656，七·352

《胖子与瘦子》
七·434

《庖丁解牛》
六·371、375、378

《皮大衣太太》
三·797、798

《琵琶记》
三·218，八·17

《琵琶弦》
三·556

《琵琶行》
三·196、828

《偏见集·文学是有阶级性的吗?》
六·353

《瓢儿和尚》
一·167、181

《评〈将军底头〉》
三·538、539、541

《评胡适之中国哲学史大纲》
六·219

《平民文学》
二·63，三·681，七·37、344

《平原烈火》
八·243

《普罗米修斯》
三·226

《溥仪春梦记》
三·486

Q

《七略》
一·273

《七夕》
三·556

《七月》
三·120、736、851、852

《七子之歌》
三·929

《漆园吏游梁》
三·516、517、519

《齐物论释》
七·404,八·71

《歧路》
三·878

《起死》
一·402,三·505、519,七·240

《弃妇》
二·95,三·835

《契诃夫与鲁迅前期小说》
一·26

《契诃夫传》
一·643

《憩园》
二·131

《前汉书故事》
三·533

《前倨后恭》
三·408

《前茅》
三·414、415、818,六·318

《前哨》
三·120

《前夜》
一·594

《浅析鲁迅散文诗〈雪〉》
二·254

《巧凤家妈》
三·786、787、789、790、791

《且介亭杂文·〈草鞋脚〉小引》
一·2

《且介亭杂文·论"旧形式的采用"》
一·97

《且介亭杂文·说"面子"》(《说"面子"》)
一·455、505

《且介亭杂文·关于中国的两三件事》
三·526,六·140,七·227、229

《且介亭杂文·中国人失掉自信力了吗》
一·299,七·247、308

《且介亭杂文二集·〈中国新文学大系〉小说二集序》(《〈中国新文学大系〉小说二集序》)
一·196、592、595、610、617,二·113,三·23、25、38、62、63、367、828,五·30)

《且介亭杂文二集·在现代中国的孔夫子》
二·206、207、225、240,四·64,七·54、242、279

《且介亭杂文末编·答徐懋庸并关于抗日统一战线问题》
一·357，八·37

《且介亭杂文末编·关于太炎先生二三事》（《关于太炎先生二三事》）
一·17、296、571，四·101、102，五·14、15，八·65

《且介亭杂文末编·因太炎先生而想起的二三事》（《因太炎先生而想起的二三事》）
一·360，五·157

《钦差大臣》
一·10

《秦始皇将死》
三·513

《青春》
三·926，四·204

《青春期的现代女性——五四女作家群创作论》
八·19

《青春之歌》
三·238、783，七·442

《青楼梦》
三·48，六·318

《倾城之恋》
三·382、413、472

《清晨》
三·878

《清代学术概论》
五·7，八·198

《清宫秘史》
七·437

《清明上河图》
七·378

《清史通俗演义》
三·486

《庆祝沪宁克复的那一边》
一·520，八·166

《穷人》
三·113、200

《秋》
一·640，二·131，三·878，八·243

《秋菊打官司》
七·442、447、448

《秋柳》
一·165、173

《秋收》
一·194、217，二·41，三·457

《秋夜》
一·504、529，二·257，三·360、368、681、789

《囚秦记》
三·535、555

《求乞者》
一·93，三·358

《屈原》
三·438，七·419

《屈原：客体与主体的神秘互渗　自我意识的痛苦挣扎》
三·290

《趋时和复古》
八·64

《瞿式耜之死》
三·527

《取火者的逮捕》
二·64

《全盘西化言论集》
五·63，七·395

《全盘西化言论三集》
五·63，七·395

《全盘西化言论续集》
五·63，七·395

《全宋文》
三·622

《全唐诗》
三·622

《全相三国志平话》
三·482

《劝学篇外篇·会通第十三》
七·339

《瘸腿魔鬼》
一·640，八·225

R

《热风》
一·319、576，七·352

《热风·"圣武"》（《"圣武"》）
一·129、576、578、579、591，二·240，三·611、658

《热风·随感录三十五》
一·116

《热风·随感录三十八》
一·95、132

《热风·随感录四十》（《随感录四十》）
一·48、231

《热风·随感录四十一》
一·174

《热风·随感录四十二》
一·132

《热风·随感录四十六》
一·87、154，三·18

《热风·随感录四十八》
一·143

《人的文学》
二·63，三·432、681，五·39，七·37、91、344

《人格》
三·878

《人间词话》
四·109，八·71

《人间世》
六·237、360

《〈人间喜剧〉前言》
三·247、249

《人间喜剧》
一·9、10，二·41，三·248、255、443、577

《人间一度"春秋"——〈左传〉今读》
八·193

《人生》
二·159、164，七·441、442、444、447、448，八·13、18、95

《人生的悲哀》
三·561

《人与衣：张爱玲〈传奇〉的服饰描写研究》
八·180

《人之历史》
一·456、471、472

《仁学》
五·5，八·71

《任数》
三·514

《〈日出〉跋》
三·597、599、610

《日出》
三·28、235、303、374、597、598、599、600、601、602、603、604、605、606、608、610、611、612、613、614、615、616、618、619、869、914，八·14、157、218、250

《日日夜夜》
三·752

《日神文化与东北作家群的创作》
三·653

《日瓦戈医生》
七·431

《容忍与自由》
四·75、76

《柔米欧与幽丽叶》
三·42、190

《如何正确评价〈从百草园到三味书屋〉中"先生"这个人物》
二·209

《儒家主张阶级制度之害》
三·487

《儒林外史》
一·72、105、108，三·62、446、483，七·411、446

《阮玲玉之死》
七·433

S

《萨克雷〈名利场〉序》
八·224

《三打祝家庄》
三·764、772

《三都赋》
三·555

《三坟》
一·175、349，八·137

《三国演义》
一·393，二·172，三·28、221、444、445、482、483、485、494，四·92、七·411

《〈三国志演义〉序》
五·52

《三国志》
三·483

《三礼》
一·273

《三礼注》
一·273

《三论〈老子〉成书年代》
六·218

《三浦右卫门的最后》
三·496

《三人行》
一·184、195、196、197、198、200、201、220、236

《三闲集》
四·194

《三闲集·流氓的变迁》（《流氓的变迁》）
七·248

《三闲集·文艺与革命》
一·345

《三闲集·我和〈语丝〉的始终》
一·93

《三闲集·序言》
一·344

《三闲集·怎么写》
一·47

《三字经》
三·796，七·173，八·173、232

《桑林》
六·382

《骚》
三·317，七·64

《沙家浜》
三·345

《沙扬娜拉》（《沙扬娜拉——赠日本女郎》）
二·70、85、280，三·826、929、945

263

《莎菲女士的日记》
三·346、372、429、444、466、782、八·10、11、156、228、261

《莎士比亚全集》
一·640，二·105

《傻瓜威尔逊》
八·225

《山村》
一·509

《山房札记》
三·496

《山海经》
三·706

《山居秋暝》
三·904、907

《山水》
三·435

《山乡巨变》
七·439

《山雨》
二·75、76

《山中杂记》
二·64

《禅让的又一幕》
三·531、534

《伤逝》
一·13、21、38、41、42、48、49、61、62、170、171、172、173、175、189、202、204、207、208、211、220、368、379、380、385、403、407、412、480、三·228、337、358、410、634、681、八·18、157、183

《上海文艺之一瞥》
三·62

《上尉的女儿》
三·495，八·129

《尚书》
一·271、273，六·44、334，八·102

《尚书·多士》
八·99

《尚书·古文疏证》
一·276

《尚书·盘庚上》
六·44

《尚书·盘庚下》
六·44

《韶》
三·271，六·6、32、40，八·101

《少年维特之烦恼》
三·365

《少年印刷工》
一·184、239

《少年中国》
四·204

《少年中国说》
四·103

《蛇》
二·89，三·827

《社会契约论》
四·103

《社戏》
一·49、379、381、383、407，三·376，七·448

《什么是奥勃洛摩夫性格》
八·226

《什么是唯物主义》
一·641

《神的灭亡》
一·241

《神曲》
三·281，八·226

《沈从文论》
三·29

《审分览》
三·514

《审判》
八·226

《生命》
三·878、885

《生死场》
三·236、429，八·156

《声声慢》
二·282

《声韵通例》
一·288

《圣经》
一·361，二·156、276，三·412、432、878，七·27、29，八·76

《失掉的好地狱》
三·358、368

《诗》
一·271，二·63，三·188、271、317，五·133，六·32、58、75，七·64，八·117

《诗辩》
一·592

《诗经》
一·267、273、279，二·223、225，三·198、204、263、410、803、894，六·40、41、132、334，七·291，八·55、173、196、257

《诗人》
三·925

《诗人李白》
四·204

265

《诗圣的晚餐》
三·555

《诗文探微》
八·248、255

《诗与散文》
一·208、212、234

《诗狱》
三·520、522、535

《蚀》
一·190、193、194、195、197、200、203、212、220、222、229、234、235、242，三·363、521

《十八世纪外交史内幕与帕麦斯顿的生平》
三·11

《十批判书》
二·24、26，五·75

《十日谈》
一·22，三·215

《十三经》
二·69

《十四行集》
二·91，三·368、435、828、830、831、856、861，八·218

《十一月十一夜》
三·878

《十竹斋笺谱》
二·64

《十字军骑士》
三·495

《石碣》
一·242，三·520、521

《石勒的杀人》
三·517

《石秀》
三·520、522、539、542、572

《时代的女性文学》
八·18

《实践论》
五·78

《史记》
一·273、300、301、302、303、304、305，三·188、189、190、199、221、295、481、483、485、530、536、558，五·143、144，六·10、26、232、233，七·322、378，八·164、196、240

《史记·陈涉世家》
三·522、525

《史记·孔子世家》（《孔子世家》）
四·49，六·10、72，八·117

《史记·老子韩非列传》（《老子韩非列传》）
六·218、221、232、233、318、371

《史记·孟轲荀卿列传》(《孟子荀卿列传》)
六·78、232

《史记·太史公自序》
五·133、六·232

《史记·五帝本纪》
三·788，七·301、303

《史记·项羽本纪》(《项羽本纪》)
三·481，六·311

《史记·殷本纪》
六·26，八·99

《史记故事》
三·533

《史与礼》
六·37

《豕蹄·序》
三·512、515

《豕蹄》
三·519

《使者》
三·878

《士不遇赋》
三·187

《示众》
一·61、220、229、388、397、398、480、505，二·40，三·358、448

《世本》
一·283，五·67

《世界史》
一·472

《试论庐隐笔下的女性形象》
八·19

《试论鲁迅对中国古典短篇小说艺术的革新》
一·582

《收获》
一·477

《书》
一·271，六·51、140、141

《书包倦翁安吴四种后》
七·367

《书经》
一·266，二·225

《蜀道难》
三·910

《鼠的审判》
三·535

《戍卒之变》
三·522

《庶民的胜利》
三·733

《霜叶红似二月花》
一·185、191、194、198、200、229、236，三·363

《谁是最可爱的人》
八·132、133

《〈水浒传〉后考》
五·52

《〈水浒传〉考证》
五·52

《水浒传》
一·25、393、594，二·72，三·28、62、106、221、222、341、361、444、445、482、483、485、522、525、540、542、567、571、651，七·318、410、八·13、17、39、41、129、239、276

《水浒续集两种序》
五·52

《水藻行》
一·242，三·457

《睡者》
三·927

《舜文化传统与现代精神》
七·310

《说：钼》
一·456

《说难》
五·133

《说文》
一·285、286，六·11

《说文解字》
一·272、273、284、285、286、296，四·102、134，六·370

《说文解字注》
四·134

《司马迁发愤》
三·516、519

《思想革命》
二·63，三·681，七·37

《斯巴达克思》
三·495、525，七·431

《斯巴达之魂》
一·19、174、322、333、580、583、589，二·174

《斯大林格勒保卫战》
七·438

《斯人独憔悴》
三·364、786

《死》
三·918

《死不着》
三·762

《死的诱惑》
三·918

《死海》
三·527、555

《死后》
一·93

《死魂灵》
一·10、16、22

《死火》
一·529

《死水》
二·85、282，三·429、822、825、845、852、933、939、949

《死水微澜》
三·413、520、543、546、547、548、549、550、551、570、572，八·157

《四姑娘的喜事》
三·798、799

《四库全书》
八·201

《四库全书总目提要》
八·201

《四日》
一·4

《四世同堂》
二·116、120，三·237、375、711

《四书》
二·244

《四书衬》
一·403

《四书五经·礼记·坊记》
六·38

《四书五经·礼记·曲礼上》
六·35

《四书五经·中庸章句集解》（《中庸章句集解》）
六·47、49

《四洲志》
七·96

《宋四公大闹禁魂张》
一·12

《宋元戏曲考》
八·71

《宋元戏曲史》
四·109

《送杜少府之任蜀州》
三·889

《送神曲》
三·878

《送王秀才序》
六·69

《苏武与李陵》
三·527

《隋唐演义》
三·482

《随想录》
二·131，三·125、126、278

《孙悟空三打白骨精》
三·275

《琐记》
一·505

T

《"她者"镜像：好莱坞电影中的华人女性》
八·228、231

《他开辟了一个新的审美境界——论郭沫若的诗歌创作》
三·886、910

《他是谁》
三·878

《她是一个弱女子》
一·180

《太誓》
六·111

《太阳城》
七·329

《太阳礼赞》
三·914

《太阳吟》
三·932

《太阳照在桑干河上》
三·439、759、767，七·439，八·22

《泰坦尼克号》
七·431

《坛经》
二·47，七·218

《昙》
一·205、206、208、212

《谈皇帝》
一·505

《谈女性文学》
八·184

《谈谈我怎样学习写作》
一·580

《谈天》
七·279

《汤祷》
三·520、572

《汤誓》
六·134

《唐诗三百首》
三·118

《唐史史料学》
八·199

《唐宋传奇集》
一·322

《唐韵》
一·283，五·68

《堂·吉诃德》(《堂吉诃德》)
三·44、45、476，七·431，八·224、226、240

《堂吉诃德和〈堂吉诃德〉》
八·224

《桃花扇》
三·218、219、220、223、225、226

《桃花源记》
三·193，七·329

《套中人》
七·434

《疼痛与抚摸》
八·93、95

《藤野先生》
一·504，三·150、360、681

《天安门》
三·939

《天地》
六·322

《天狗》
二·24，三·365、415、429、817、822、825、902、913、914、915、945，八·278

《天净沙·秋思》
三·890

《天籁》
三·878

《天坛宪法草案》
七·386

《天问》
三·186、268、438、859，八·278

《天下第一楼》
三·869，八·250

《天演论》
一·161、471，六·9

《天婴》
三·878

《听水》
三·555

《听说梦》
一·505

《通鉴》(《资治通鉴》)
一·593、610，三·482

《同志，你走错了路》
三·772、774

《童年》
二·139

《童心》
二·75

271

《偷自行车的人》
七·440

《头发的故事》
一·38、41、48、49、54、62、224、379、386、387、580，三·13、228

《投阁》
三·556

《突围》
三·520、522、527

《兔和猫》
一·13

《推背图》
三·360

《颓败线的颤动》
一·93、505，三·137、360

《陀思妥耶夫斯基论》
一·643

W

《外》
六·217、218

《外套》
一·24

《纨绔少年》
一·22

《玩偶之家》
三·577、578、583，八·148

《顽主》
七·449

《晚步》
三·906、907、908

《晚祷（一）》
三·878

《晚祷（二）》
三·878

《晚霁见月》
三·925

《晚年孙犁研究》
三·122、127

《晚清小说史》
八·67

《琬雏》
三·516

《万卡》
一·597

《亡友夏穗卿先生》
四·104、105

《王安石三难苏学士》
一·12

《王贵与李香香》
三·762、763、764、765、766、767、865，八·131、132

《王九诉苦》
三·762

《王昭君》
七·419

《望星空》
八·264

《危险思想与言论自由》
二·15

《威尼斯》
二·91

《微雪的早晨》
一·180

《围城》
三·68、238、383、472、660

《唯命论者》
一·167

《伪自由书·前记》
一·181

《卫生新论》
一·209

《为了忘却的记念》
一·495、504，三·137、167，七·245、308

《魏晋风度及文章与药及酒之关系》
五·27

《闻官军收河南河北》
三·892

《文化建设》
五·62

《文身》
三·522、541、542、572

《文始》
一·286，五·18、68

《文选》
二·17，三·31、118

《文学百题》
二·64

《文学大纲》
二·63

《文学的纪律》
二·101

《文学的近代研究》
二·63

《文学改良刍议》
二·5、6，三·3、5、352、432、681，四·12、41，七·36、289、344、352、399

《文学革命论》
二·4，三·3、392、432、681，四·41，五·38，七·36、289、344

《文学联系对19世纪末20世纪初中国小说发展的作用》
一·99

《文学论争集》
二·63，八·199

《文学与出汗》
二·104

《文学原理》
二·63

《文艺论集序》
七·40

《文艺战线上的封建余孽》
四·137

《文字蒙求》
二·226

《闻一多〈死水〉论》
八·274、284

《闻一多诗论》
三·875

《蜗牛在荆棘上》
三·372

《我的大学》
二·139

《我的第一个师父》
一·505

《我的叔叔于勒》
三·293

《我们的学科：已经不再年轻，正在走向成熟》
四·172

《我们天天走着一条小路》
三·831

《我们现在怎样做父亲》
一·606，三·147

《我劝你》
三·885

《我热爱新北京》
二·116

《我是猫》
一·3

《我是孙悟空》
三·435

《我是一条小河》
二·89

《我是中国人》
三·929、930

《我与文学》
二·64

《我在霞村的时候》
八·10、11

《我之爱国主义》
二·4

《我之节烈观》
一·170，四·112，七·308

《乌托邦》
七·329

《无常》
一·505

《无法投递的信件》
三·363

《无名高地有了名》
二·116

《无声的中国》
八·93

《无数人们与无穷远方：鲁迅与左翼》
八·143

《无政府主义精神与20世纪中国文学》
八·73

《无政府主义与五四新文化：围绕〈新青年〉同人所作的考察》
八·37、53、73

《吾人最后之觉悟》
一·87，二·4，五·38

《吴敬梓年谱》
五·52

《吴敬梓传》
五·52

《吴越春秋》
三·558

《五猖会》
一·505

《五代史平话》
三·482

《五典》
一·175、349，八·137

《五朵金花》
七·442

《五经》
二·244

《五经正义》
一·273

《五十年来之中国文学》
三·98，五·81

《五四历史演义》
三·486

《五四忆往》
二·64

《伍子胥》
三·238、435、444、555、557、558、559、560、570、572、856

《伍子胥变文》
三·482

《武》
三·271、六·6、40

《武松打虎》
三·275、448

《武王伐纣书》
三·482

《武训传》
七·437

《侮辱》
三·534

《舞》
六·32

《物质变动与道德变动》
二·14

《雾》
二·131、八·243

X

《〈西游记〉考证》
五·52

《西岸》
三·925

《西方美学史》
五·109

《西方哲学史》
三·76、五·82

《西望长安》
二·116

《西西弗斯神话》
三·364

《西厢记》
三·42、708、七·402

《西游记》
三·276、281、382、七·411

《希腊罗马名人传》
三·491

《希望》
二·258、259、三·120、736、851、852

《牺牲》
三·555

《稀有作家庄重别传》
一·99

《洗衣歌》
三·937、938、949

《洗澡》
八·222

《喜盈门》
八·13

《瞎骗奇闻》
一·392

《夏日绝句》
四·47

《夏三虫》
一·505，三·360，八·102

《先秦名学史》
五·52，七·194

《先驱者的形象》
一·434，八·5

《先正事略》
一·266

《咸阳游》
三·535、555

《县委书记的好榜样——焦裕禄》
八·92

《现代才子徐志摩》
二·84

《现代文人与"魏晋风度"》
八·54

《现代文学论》
三·31

《现代中国小说史学之建立》
一·326、327

《现代中文学刊》
四·191，八·8

《现实主义——广阔的道路》
五·156，八·22、180

《现实主义者》
三·252、253

《乡亲——康天刚》
三·444、475

《乡党》
六·42

《湘累》
三·365

《小八义》
二·131，三·112

《小兵张嘎》
八·243

《小戴礼记》
六·47、49

《小二黑结婚》
三·2、477、764

《小河》
三·810

《小癞子》
一·640，八·224

《小坡的生日》
二·116

《小市民》
七·434

《小说旧闻钞》
一·322

《小说中的云南》
三·793、795

《小团圆》
八·157

《孝经》
一·271、273

《笑》
三·147

《笑的历史》
二·54

《血泪仇》
三·770、772，七·40

《新编中国文学史》
三·561

《心不悸了》
三·408

《心悸》
三·408

《心经》
三·382

《心理学概论》
三·537

《心灵的历程》
一·524

《辛亥革命时期的文学》
一·99

《〈新青年〉罪案之答辩书》
七·336、337

《"新国学"论纲》
五·150、170、172

《新都花絮》
三·652、655、656、658、659、661

《新丰折臂翁》
三·198

《新国学研究》
四·58，五·150、172，六·83、216、243

《新教伦理与资本主义精神》
一·487

《新美学》
三·440

《新民主主义论》
一·437、438，三·319，四·157

《新儒林外史》
三·556

《新少年》
三·520、531

《新生》
一·313，三·914

《新桃花扇》
三·551、552、553、554、556

《新文学大系》
三·98

《新文学的源流》
三·322

《新序》
三·558

《新学伪经考》
一·267、277,五·5、67,八·71

《新堰》
三·520、522

《新约》
三·605

《新约·罗马书》
三·606

《新月集》
二·63

《信陵君之归》
三·535、555

《兴津弥五右卫门的遗书》
三·496

《星空》
三·818、889

《〈醒世姻缘传〉考证》
五·52

《醒呀!》
三·929

《幸福的花为勇士而开》
八·132

《幸福的家庭》
一·13、21、47、62、202、204、207、224

《兄妹开荒》
三·769、772、774

《绣枕》
三·786

《叙事学导论》
一·365、412

《续皇清经解》
七·403

《玄武门之变》
三·520、531、533、534

《薛绥之先生纪念集》
四·196

《学灯》
一·588

《学界的三魂》
二·212,八·3

《学识 史识 胆识（其三）：胡适与"胡适派"》
一·295

《学习鲁迅和瞿秋白作品的札记》
一·522

279

《雪》
一·504、529，二·253、254、255、258、259，三·360、368、681、925

《雪海堂经解》（《皇清经解》）
六·6，七·403

《雪朝》
二·63，三·914

《荀子·非相》
六·38

《荀子·解蔽篇》
三·514

《荀子集解》
六·38，七·404

Y

《鸦片贸易史》
一·470

《鸭的喜剧》
一·13

《崖山的风浪》
三·527

《哑者》
三·853

《雅典的泰门》
三·611

《雅舍》
二·268、269、270、272、273

《雅舍散文》
二·101

《雅舍散文二集》
二·101

《雅舍谈吃》
二·101

《雅舍小品》
二·101、269

《亚非民族》
一·100

《烟影》
一·179

《烟云》
一·242

《延安鲁艺风云录》
八·244

《阎若璩传》
一·266

《艳阳天》
三·238、239、345

《晏子春秋童话》
三·533

《羊的门》
八·95

《羊脂球》
三·753

《杨家将》
八·17

《杨绛，走在小说边上》
八·221、226

《杨朱学派考》
六·228

《洋外套》
三·782

《养生主》
六·237、360、361、364、365、369、379、385、386、391

《妖梦》
三·392，五·162，七·390，八·220

《遥远的风砂》
三·341

《药》
一·14、38、41、51、52、54、61、91、186、220、241、368、376、377、379、385、388、392、393、396、397、412、480、580、585、592、619，二·47，三·137、228、279、357、394、448、503，七·255

《耶稣之死》
一·241

《也许》
三·938

《〈野草〉英文译本序》
二·258

《〈野草〉注解》
一·529

《野草》
一·92、93、241、488、528、529、555，二·8、33、39、40、47、85、258，三·60、137、281、315、324、357、358、371、422、429、557、615、811、831、861、876，八·103、232

《野玫瑰》
三·237

《野蔷薇》
一·204、208、212、234、242，三·457

《野山》
二·146，七·447

《野兽，野兽，野兽》
三·383

《叶名琛》
三·527

《夜》
三·914

《夜半》
三·878

《夜步十里松原》
三·914

《夜读偶记》
三·62

《一朵白蔷薇》
三·878

《一个残废人和他的梦》
三·572

《一个都不能少》
七·442、447

《一个女人等着我》
三·917

《一个女性》
一·205、207、208、212、234

《一个人的车站》
七·438

《一个战士的母亲》
三·793

《一件小事》
一·49、180、379，三·13、376

《一九一六年》
二·4，七·91

《一句话》
三·938

《伊戈尔远征记》
三·215

《伊索寓言》
三·215

《依然旧时明月》
八·232、242

《移书让太常博士》
一·273

《以脚报国》
一·505

《艺术的忠臣》
三·925

《艺术家》
三·364

《艺术论》
一·8

《译文序跋集·〈出了象牙之塔〉后记》
一·141

《译文序跋集·〈连翘〉译者附记》
一·17

《译文序跋集·〈思想·山水·人物〉题记》
一·426

《译文序跋集·〈域外小说集〉序》
一·5

《译文序跋集·〈月界旅行〉辨言》
一·3

《译学汇编》
六·9

《易》
一·271，三·184，六·160

《易卜生主义》
三·337，四·33、34、43，七·91、

345，八·270

《易经》
二·225，八·173

《驿站长》
一·24

《阴符》
六·231

《银灰色的死》
一·162、165、172

《引擎》
三·521

《印度寓言》
二·64

《英国小说史》
八·16

《英雄虎胆》
七·442

《婴儿》
二·85

《樱桃园》
三·611

《鹰》
三·863

《迎神曲》
三·878

《瀛环志略》
五·5

《影的告别》
一·529，三·358，六·335、337

《应帝王》
六·360

《游子吟》
三·922

《"友邦惊诧"论》
三·360

《有的人》
二·116

《又呈吴郎》
八·134

《诱惑于别一世界》
三·704

《鱼玄机》
三·496

《渔阳曲》
三·931

《虞美人草》
一·3

《与钱玄同先生论古史书》
一·249、297

《宇宙》
三·925、926、928

《雨》
二·131，八·243

《雨巷》
三·842

《雨夜》
三·925

《禹贡》
五·66

《语文课中鲁迅作品的教学》
一·366

《语言的艺术——鲁迅〈青年必读书〉赏析》
八·3

《语言学概论》
一·287

《玉君》
一·196，二·71

《玉门诗抄》
八·132

《郁达夫评传》
三·510

《域外小说集》
一·4、322、580、584，三·22

《原道》
六·69，八·116

《原始思维》
三·290

《原野》
三·28、235、341、374、413、601、606、610、869，八·14、157、218、250

《约瑟·安特路传》
一·22，八·224

《月界旅行》
一·3、584

《月亮论》
四·80

《月牙儿》
二·121，三·12、711

《〈越铎〉出世辞》
一·300

《越绝书》
三·558

《云鸥情书集》
二·60

《运命》
一·505

Z

《杂》
六·217、218

《杂诗三首·其二》
三·931

《再别康桥》
二·70、85，三·366、412、825、826、945

《再论〈老子〉成书年代》
六·218

《再论工会、目前局势及托洛茨基和布哈林的错误》
三·10

《在边缘与中心之间——20世纪河南文学》
八·88

《在底层》
七·434

《在俄罗斯谁最快乐而自由》
一·10

《在寒风里》
一·179

《在酒楼上》
一·38、42、48、49、62、68、175、204、208、211、379、386、387、407、409、412、480，三·11、137、228、358、376、634

《在桥梁工地上》
五·156

《在人间》
二·139

《在田野上前进》
七·439

《在文化的光芒与阴影下》
八·20

《在峡谷里》
一·16

《在悬崖上》
三·386

《在延安文艺座谈会上的讲话》
二·264，三·319、760、763，四·157，七·40，八·127、281

《在约伯的天平上》
四·214

《咱们一伙儿》
三·409

《造人术》
一·3

《怎么办》
一·594

《曾朴的创作和中国文学里艺术方法的形成》
一·99

《赠圣陶》
二·64

《战国策》
六·233

《战国策·秦策》
六·231

《战国子家叙论》
八·101、102

《战士和苍蝇》
一·505

《战争与和平》
三·21、238、255、495、529、753，七·431、438，八·232

《张资平全集》
三·411

《章实斋先生年谱》
五·52

《漳河水》
三·762、763、764、765、766、865

《漳州籍现代著名作家论集》
八·246、247

《昭明文选》
三·903

《朝花夕拾》
二·85

《朝日》
三·925

《赵巧儿》
三·762

《赵氏孤儿》
三·218

《赵子曰》
一·99，二·116

《蛰居散记》
二·64

《这儿的黎明静悄悄》（《这里的黎明静悄悄》）
三·752、七·438

《这是一项宏大的系统工程——关于中国现代文学史料工作的总体考察》
八·200

《这样的战士》
一·337、505、529，二·257，三·360

《真话集》
二·131

《真我集》
三·925

《郑伯奇文集》
四·136

《郑成功孔庙焚儒巾》
三·527

《郑玄经学思想述评》
一·273

《郑振铎散文选集》
二·64

《〈政治经济学批判〉导言》
一·441、444、446

《支那文学概论讲话》
一·320、324、325、326

《知堂回想录》
一·521

《执政府大屠杀记》
二·55

《纸币的跳跃》
一·179

《指南录》
三·527、529

《制言》
五·12、13

《致蔡鹤卿太史书》
七·390

《致曹靖华，一九三二年六月二十四日》
一·17

《致曹聚仁，一九三四年四月三十日》
一·21

《致董永舒，一九三三年八月十三日》
一·2

《致许寿裳，一九一八年八月二十日》
一·132

《致杨霁云，一九三四年五月十五日》
一·3、584

《掷铁饼者》
八·18

《智取威虎山》
七·158

《中古文学文献学》
八·199

《中国版画史图录》
二·64

《中国本位的文化建设宣言》
五·62、63，七·54

《中国长篇小说的演变》
一·99

《中国传统文化对物质——自然系统的封闭性》
七·63

《中国的启蒙文学问题》
一·99

《中国的文艺论战》
四·148

《中国的侠义小说（14至16世纪）及其对中国新文学形成的作用》
一·99

《中国地质略论》
一·333、456

《中国短篇小说的产生》
一·99

287

《中国反封建思想革命的一面镜子：〈呐喊〉〈彷徨〉综论》(《中国反封建思想革命的一面镜子》《〈呐喊〉〈彷徨〉综论》)
一·100、366、428、431、621、622、623、624、627、639，八·2、4

《中国封建论》
一·625

《中国革命和欧洲革命》
三·16

《中国古代社会研究》
五·75

《中国古代哲学史》
五·52，六·291，七·204、404

《中国古代哲学史（上）》
四·84、85、86、88

《中国古典长中篇小说的蒙文译本》
一·99

《中国赫鲁晓夫是围攻鲁迅的罪魁祸首》
一·357

《中国近代思想史论》
四·183

《中国抗战时期沦陷区文学史》
三·561

《中国抗战史演义》
三·486

《中国矿产志》
一·456

《中国历代通俗演义》
三·486

《中国历史简编》
五·107

《中国历史教科书》
一·267

《中国历史文献学》
八·198

《中国鲁迅研究的历史与现状》
一·533、539、558、566、628、631、632

《中国女性的文学生活》
三·561

《中国社会各阶级的分析》
一·640

《中国诗人心目中的日本风光》
一·99

《中国史稿》
五·107

《中国思想通史》
五·107

《中国俗文学史》
二·64

《中国图书评论》
八·192

《中国唯一之文学报〈新小说〉》
三·479

《中国文化的出路》
五·63，七·395

《中国文化的守夜人——鲁迅》
一·634、637，三·243

《中国文化的展望》
五·81

《中国文献学》
八·198

《中国文献学概要》
八·198

《中国文学家大辞典》
三·561

《中国文学进化史》
三·561

《中国文学史》
五·107

《中国文学史大纲》
三·561

《中国文学文献学》
八·198

《中国文学中的欧化方法溯源》
一·99

《中国文艺论战》
四·130

《中国现代大文学史》
三·300

《中国现代短篇小说发展的历史轨迹》
一·637

《中国现代短篇小说选（1918—1949）》
三·786

《中国现代思想史论》
四·184

《中国现代文学论丛》
三·800

《中国现代文学期刊目录汇编》
八·199

《中国现代文学三十年》
三·300

《中国现代文学史》
一·523，三·99、300、770，四·148

《中国现代文学史略》
一·523

《中国现代文学史资料汇编》
八·199

《中国现代文学文献学研究》
八·28、198、200、202

《中国现代文学研究史》
八·200

《中国现代文学运动·论争·社团资料汇编》
八·199

《中国现代文学总书目》
八·199

《中国现代文艺思想斗争史》
三·98

《中国现代文艺思想史》
四·148

《中国现代小说史》
三·503、504

《中国现代哲学史》
五·71、82，六·223

《中国现代主义文学论》
三·388、411

《中国现代作家研究资料丛书》
八·199

《中国小说的历史的变迁》
一·101、105、三·60、62、五·27、29、30

《中国小说发达史》
三·561

《中国小说史大略》（《小说史大略》）
四·137

《中国小说史略》
一·101、320、322、323、324、325、326，二·86，三·20、60、62、76、300、422、440，四·88、109、137、199，五·27、29、30，七·410

《中国小说叙事模式的转变》
一·367

《中国小说中外国题材的出现》
一·99

《中国小学史》
一·285、286、287

《中国新文学初稿》
一·523

《〈中国新文学大系·诗集〉导言》
三·943

《〈中国新文学大系〉研究》
八·28

《中国新文学大系》
三·8、128，四·13，八·28、199

《中国新文学大系·文学论争集》
二·64，四·17、18

《中国新文学大系·总序》
七·86

《中国新文学的源流》
三·62、426、428

《中国新文学史》
三·11

《中国新文学史初稿》
四·204

《中国新文学史稿》
一·523、528，三·98，五·155

《中国需要鲁迅》
二·211，八·2、4

《中国语法修辞讲话》
一·287

《中国章回小说的演变》
一·99

《中国哲学简史》
六·305

《中国哲学史》
三·440，七·242

《中国哲学史大纲》
二·6，六·219，七·180、352

《中国中古思想史长编》
五·52，七·222

《中国中古思想小史》
五·52

《中国字体变迁史》
一·285

《中华民国史演义》
三·486

《中华文学史料》
八·200

《中论·观涅品》
七·217

《忠实分子》
三·435

《终身大事》
二·6，三·4，四·41，七·445，八·280

《仲尼弟子列传》
六·232

《仲尼之将丧》
三·517、519、555、557

《周礼》
一·273

《周书》
八·102

《周易》
一·273，二·144，三·188，五·133，七·181，八·55

《周易·系辞上》
六·188，七·169

《周易·序卦》
七·169

《周作人概观》
三·725

《周作人论》
三·103、725

《周作人日记》
一·521

《周作人传》
三·725

《〈诸子续考〉序》
六·218

《诸子不出于王官论》
五·19

《诸子平议》
七·404

《诸子学略说》
五·20，六·247，八·71

《竹林的故事》
三·465

《柱下史入关》
三·516、517、519

《祝福》
一·14、38、44、52、54、62、63、170、173、220、368、379、384、385、403、404、405、412、480、503、504、586，三·12、137、174、228、270、285、322、337、360、553、681、795、798，七·255、308、321、442

《铸剑》
一·183、242、337、338、340、388、393、394、401、412、480、504，二·40、180，三·229、237、239、341、360、365、504、505、506、517、519、572、681，八·235

《庄子》
三·31、四·130、136、六·217、219、233、234、291、318、351

《庄子·内篇》(《内篇》)
六·218、233、235、360、361

《庄子·骈拇》
七·305

《庄子·齐物论》(《齐物论》)
一·318，三·254，四·14、27，六·220、229、245、246、249、266、267、268、269、270、272、273、301、305、309、314、316、319、322、324、333、338、341、345、346、359、360、361、363、364、365、366、367、368、373、382、391，八·66

《庄子·外篇》(《外篇》)
六·233、309、322

《庄子·逍遥游》(《逍遥游》)
四·24，六·248、250、252、253、254、255、258、265、266、267、269、270、271、272、273、278、307、319、332、341、346、355、360、372、376、390

《庄子·杂篇》(《杂篇》)
六·233、318

《庄子·杂篇·天下》(《庄子·天下》《天下》)
五·20，六·318，七·205

《庄子·杂篇·寓言》(《寓言》)
六·318

《庄子荟释》
　　四·130、131、136

《庄子集解》
　　四·131，六·330

《庄子集解·庄子集解内篇补正》
　　四·131，六·385

《庄子集释》
　　四·131，六·251、368

《庄子集注》
　　四·199

《庄子今注今译》
　　四·131，六·371、374、377、388

《庄子疏》
　　六·341

《庄子索引》
　　四·142

《庄子天下篇荟释》
　　四·130、131、132

《庄子通论》
　　四·130

《庄子校诠》
　　四·131，六·309、312、385

《庄子注》
　　四·131，六·337、341

《追求》
　　一·184、190、193、196、212、220、三·521

《追忆逝水年华》
　　二·61

《缀网劳蛛》
　　二·49，三·364、451

《〈准风月谈〉后记》
　　一·17

《捉季布变文》
　　三·482

《捉月》
　　三·556

《啄木鸟》
　　一·98

《资本论》
　　一·121、443、487，四·61、68，八·21、232

《子墨子学说》
　　七·194

《子畏于匡》
　　三·517

《子夜》
　　一·184、191、192、200、215、216、221、222、224、225、226、227、228、229、236、238、239，二·40、41、三·2、13、27、363、443、579、599、600、603、605、606、629、648、697、723，八·281

293

《自嘲》
二·260、263、264、266、267

《自然辩证法》
一·434、435，三·76

《自然·社会·教育·人——鲁迅〈从百草园到三味书屋〉赏析》
八·3

《自杀》
一·205、206、208、212、234

《自我的回顾与检查》
一·434

《〈自选集〉自序》
一·590

《自己费力找到真理》
三·601

《走上岗位》
一·239

《组织部新来的青年人》
一·159，三·386，五·156，八·22

《最后一次的讲演》
三·435

《最后一课》
三·753

《罪与罚》
三·200、239，六·368

《醉翁谈录·舌耕叙引》
三·482

《尊崇孔圣文》
七·386

《尊崇伦常》
七·386

《昨日之歌》
二·90，三·828

《左迁至蓝关示侄孙湘》
八·116

《左传》
三·481、483、558，八·173、196

《左传故事》
三·533

《作》
一·283，五·67

《作为意志和表象的世界》
三·179

《作文秘诀》
一·505

《作者的话》
一·100

其他

《19世纪末20世纪初的中国小说理论》
一·99

《19世纪末20世纪初中国的日本小说》
一·99

《19世纪末20世纪初中国的外国文学》
一·99

《19世纪中国惊险小说的特性》
一·99

《19至20世纪初的中国文学与鲁迅》
一·102

《1927年广州场域中的鲁迅转换》
八·159、165

《S/Z》
一·412

《Zarathustra》
一·93

团体、流派、机构类

A

安徽大学出版社
二·211，八·2、4

安徽师范大学
四·129

安那其主义者
八·37

澳门大学
五·179

B

白莲教
三·534

百花文艺出版社
二·64，八·19

保皇党
三·456

保皇派
二·31

保守派
一·279，三·67、168，六·348，七·145、414

保育院
三·661

北京大学图书馆
三·168

北京女子师范大学
一·322，三·783，八·273

北京人艺
二·116

北京师范大学
一·111、181、218、287、621、622、624、631、637，二·2、4、6、8、12、15、18、22、26、30、34、38、42、45、49、61、65、76、83、88、91、105、109、112、141、143、198，三·7、40、41、43、86、100、478、619、902、949，四·128、137、195、202、204、207、216，七·256，八·5、19、20、98、143、221、241、242、243、244、273

北京师范大学出版社
一·367、428、431、622、624，三·

40、41、43，六·370，八·19

北洋军阀
一·93

北洋军阀政府
一·341、569，四·79

表现主义
三·365、374

C

长江文艺出版社
四·136

沉钟社
三·367、827、828、945

创造社
一·11、155、156、159、169、183、195、234、341、342、343、352、356、538、二·13、14、30、32、33、37、40、63、104、113，三·63、64、65、98、131、156、157、158、159、160、324、364、365、431、521、557、745、945，四·147、148、205，五·84，七·37、39、42、93、287、445

D

大乘佛教
五·29，七·217、218

大东亚共荣圈
三·380

道观
四·96，六·133

地球村
四·190，五·65，六·203

第一汽车制造厂
八·89

电影研究中心
八·9

丁陈反党集团（丁陈集团）
四·198，五·157

东北电影制片厂
八·89

东北师范大学（东北师大）
二·32，三·663，四·129

东北作家群
三·423、457、458、460、467、662、663、664、674、677、685、686、687、693、694、695、696、697、698、702、703，八·89

东林党
三·210

段祺瑞执政府
一·320，二·55，四·79，七·245

F

非学院派
三·854，八·82

佛寺
四·96，六·133，

福建教育出版社
一·533、539、558、566、632，三·561，四·15

福建师范大学
四·129

复旦大学
二·253，三·98，五·66

复社
三·210

G

改革派
七·145、230、372、373

歌德派
三·125

工农兵（工农兵群众）
一·531，三·4、32、33、314、394、430、762、763、771，八·141、223

共产党员
一·350、353，二·264，八·21

古文经学
一·273、276、285

官学
一·272、273，六·5

广东人民出版社
五·71、82、173、174，六·223

国粹派
一·439、447，三·501、502，四·159，五·53

国民党
一·198、344、350、351、352、353、358、447、448、461、515、630，二·24、78、104、136、268，三·32、158、172、237、476、521、523、524、715、735、837，四·6、7、42、119、120、125、150，五·77、78、87、96，七·332，八·91、131、214

国民党政府
一·235，二·79、104、268，三·71、652、735，四·6，八·91、126

国民革命军
一·184

国民政府
三·659，八·208

国史馆
三·101

国学振兴社
五·12

H

哈佛大学
四·71

海归派
五·71

海派
三·463、719、720、722，五·72、
七·351

豪放派
三·207、897

河南大学
三·663，八·143

河南大学出版社
八·53

河南人民出版社
七·24

红卫兵
三·549，四·212、213，六·55，八·
93

后现代派
八·25

后现代主义者
四·159

湖南人民出版社
一·21、427，三·35、38、39

胡风集团
三·727、736，五·157

湖畔诗社
二·106、108，三·928

花城出版社
五·180、182

华侨
七·126

黄老学派
六·160

黄色工会
一·221

回乡知识青年
四·185，八·286

惠罗公司
三·660

J

基督教
二·46、47、48，三·141、382、550、
877、878、879、944，六·88、361，
七·27、267、328、331，八·61、175

激进派
一·573，三·855、856

今文经学
一·272、273、276

今文学派
一·243、261、262、263、264、267、
268、269、270、271、272、274、275、
276、279、281、284、285、306、307、
310，四·103、117，五·28、29

299

进步党
七·386

京派
三·463、713、716、717、719、727，五·72，七·351

京派作家
三·716、723、725、727

精神分析学派
二·175，三·152、154

九叶派（九叶诗派）
三·68、854、856、857、858、862

K

孔教
一·108，七·81、336

L

浪漫派
二·54

浪漫主义诗人
一·313，三·495、886，五·81、82，八·82、84

礼部
三·511

理藩院
三·511

历史学派
一·639，五·69

吏部
三·511

联合国
五·88

联合国维和部队
二·140

良友图书公司
二·63，三·128，四·17、18，七·36

聊城大学
四·136，八·67

列宁格勒大学
一·98

列宁格勒电影制片厂
七·438

垄断资产阶级
一·88

泸州师范学校
一·200

鲁博书屋
一·632

鲁迅博物馆
一·621、624、632，二·226

论语派
一·358，三·469、721、722，六·353，八·282

M

马克思主义精神启蒙派
一·537、540、541、542、545

马克思主义务实派
一·518、525、528、529、530、537、538、539、540、541、542、545

马克思主义学派
五·75、76

马克思主义政治派
一·518、525、527、530、531、535、537、538、540、541、542、546

美国哥伦比亚大学
四·71，五·71

民族资产阶级
一·185、215、216、217、222、227、228、238、239、590，三·579

闽南伦敦会
二·47

墨家
二·72，三·295、534，五·20，六·80、216，七·140、141、147、151、180、194、195、208、227、248、366，八·102

莫斯科大学
一·98

莫斯科中山大学
三·783

N

南京大学
四·129

南开大学出版社
八·68、149

P

贫下中农
三·655，四·156，七·443，八·92、286

Q

七月派
三·757，四·156

齐鲁大学
五·66

启蒙思想家
一·263，三·446、486、492，五·76、81，六·355，七·29、30、32，八·76、153

乾嘉学派
一·564，三·428、682，四·131、134，五·51、69，八·29、126

浅草社
三·22、23、827

侵华日军
三·380，四·128

清朝政府（清政府）
一·291，三·527、549，四·65，五·89、151，七·126

青年浪漫派
一·540，七·127

青年马克思主义理论派
一·538、540、541、545

青年知识分子
一·161、164、185、189、190、194、202、203、205、220、234、235、241、310、318、319、517、518、549，二·40，三·158、230、231、327、362、381、406、433、448、449、455、509、510、557、628、630、633、635、640、652、671、679、680、683、700、854、864、899，四·4、94、120、121、132、147、149、185、189，五·83、94、95、161，六·9、10，七·171、360

清华大学
二·55、84，三·98、128、167、820，四·71、101，五·72，八·144

清华学派
五·71、72

R

人民公社
二·14，八·87、129、130、131

人民文学出版社
一·2、8、9、11、15、16、19、91、161、295、296、300、355、477、520、571、573、637、640，二·78、110、131、180，三·186、202、243、257、268、278、315、412、529、580、601、602、610、786、789、791、895、903、905、907、913、920，四·22、64、77、84、101、102、105、143、152、174、176，五·14、15、24、25、39、49、150、155、157、172，六·9、83、234、243、291、337、345、351、353，七·61、84、238、239、255、279、307、308，八·37、64、65、99、102、126、137、183、247、280、287

人生派
三·323

人生—艺术派
一·518、524、530、540、546

日本帝国主义
三·232、237、437、468、469、471、476、525、650、675、676、682、683、685、686、693、695、698、849

儒教
二·182，三·487，七·74、343

S

三味书屋
二·205、206、208、209

沙皇贵族
八·61

沙皇政府
一·17

山东大学
一·287，二·31、32、113、143，四·129、192、193、216

山东社会科学院
四·216

山东师范大学
四·129

山东师范学院
四·126、193

山东师范学院聊城分院
四·136、138、194、216

山药蛋派
八·90

陕北公学
二·32

陕西人民出版社
一·27、427、620、623，四·133、136、139、199

陕西省博物馆
二·143

陕西省鲁迅研究会
四·140

陕西省现代文学研究会
四·140

汕头大学
一·627、633，三·121、127、727、743，四·163、191、214、217，五·150、181，六·83、243，八·1、4、8、26、30、36、63、72、87、145、172、179、193、197、244、245、247、255、259、287

商务印书馆
一·75、85、209、391、408，二·63，三·481、520、525、531，四·85，五·121，六·218、354，七·27、51、53、392，八·198

上海书店
三·426，五·133，六·251、353

上海新中国书局
三·520、539

上海译文出版社
一·8、389，三·247、249、253，六·344，七·47

少年中国学会
四·204

社会历史学派
三·716，八·32、33、34、35、36

社会派
三·52、207、855，七·127

社会人生派
一·540、546

社会文化派
四·7、125、126

社会学派
一·639

深圳大学
八·143

神学院
五·80，八·175

生活·读书·新知三联书店
三·555、886、904，五·59、108、132，六·218

诗教
三·811、817

时代文艺出版社
三·1、7

书目文献出版社
八·19

四川大学
四·129

四川人民出版社
二·126、132、138，三·290、543、544，八·1

四川师范学院
八·20

四人帮
三·12，八·129

宋诗派
一·109

苏联共产党
四·124

苏州园林
八·91

T

台湾大学
四·126、128

太平道
七·223

太阳社
一·183、195、234、342、343、352、356、538，二·13、14，三·98、158、159、324、431、521，四·147、148，五·84，七·93、287、445

天津人民出版社
四·136、139、198

同盟会
五·151

同文馆
五·5

W

顽固派
一·108，七·79

婉约派
三·207，四·47

万木草堂
四·104

维新派
一·138、139、261、277、283、284、292、457、461，三·84、399、715，四·67、102，五·5、8、21、22、23、25、50、178，七·13、32、36、42、43、79、80、81、82、83、84、85、86、87、88、89、90、99、145、146、232、233、234、235、245、340、341、344、345、371、372、373、375、383、385、386，八·47

伪华北政务委员会
二·11

未来派
七·251

未名社
四·146、155

文化生活出版社
三·519、584、585、600、606、613、614、615

文学研究会
一·11、155、159、183，二·62、63、64，三·63、64、157、158、362、363、364、365、453，五·83，七·37、39

武汉大学
四·129

五四新文化阵营
五·29，八·33

X

西安电影制片厂
七·105

西北大学
一·427、587、620、621、623、630，二·143，四·129、132、138、139、143、195、199、200、216，八·5、242

西方基督教
二·46，六·277、279、330，七·231、327

西方民主派
八·25

西华师范大学
八·20

西化派
一·256，三·707，四·69、159、189，五·27、28、59、60、61、62、63、64、76、136、183，七·100、264，八·6

西马派
四·190

西南联大
三·434、435，八·90

希望派
四·156

厦门大学
一·570、571、572、573、574，五·66，八·92

先锋派
一·559、565、566、573，二·82、三·52、374、378、695，八·188、190

先秦法家
七·145、230、304，八·120

先秦思想家
三·183、485、571、859、860，四·85、86，五·36，六·190、206、234，七·234、292

闲适派
三·435

咸亨酒店
一·239、383、390

现代评论派
一·320、338、341、342、570、571、573、574，三·63、65、157、158，四·70、71、73、74、78、79，五·84

现代新儒家学派
五·28、55、61、63、129，七·393

现实主义流派
一·11

香港大学
五·87

香港中文大学
五·87，八·91

象征派
三·68、885

小乘佛教
五·29，七·217

小市民阶层
三·321、377，七·432、433、434、435、436、437

小说林社
三·479

小资产阶级知识分子
一·35、184、193、196、226、419、531，三·433、579

新潮社
一·258，三·25，四·137

新感觉派
三·68、377、462、662、722、741、756

新格律诗派
三·943、945

新红学
二·82

新纪元出版社
三·551

新教育实验网络师范学院
八·1

新青年
一·159，二·10，四·39、55、70

新儒家学派
一·494、495，三·80、81、82、83、

84、158、395、399，四·3、190，五·
59、60、61、62、64、68、70、87、88、
160，七·284、307、339、393，八·
215、216

新思潮派
三·496

新月派
一·358，三·158、423、722、823、
856、862，六·353，七·433

新月社
二·99，三·63、65、945，五·84，
七·286

新左派
三·331，四·168、186、187、188、
190

形式批评学派
三·152

杏林文学社
八·22、23

学衡派
四·10、11、15，五·65、162，八·
220

学苑出版社
二·158，六·37

学院派
一·485、486、487、497、523、528、
564、574、645、646，二·9、79、82、
100、124，三·65、162、163、164、
317、323、325、404、405、427、468、

734，四·4、70，五·40、58，六·2，
七·127，八·82

Y

燕京大学
二·47，五·66

延安鲁迅艺术学院
三·128

言志派
三·425

扬州师范学院
四·129

洋务派
一·75、138、139、188、289、452、
455、457，三·84、390、399、579、
715，四·51、67，五·1、2、3、4、
21、22、23、24、25、178，七·9、11、
31、42、79、80、81、82、83、84、88、
89、90、145、230、233、234、235、
341、344、345、370、371、372、375、
383、385、386，八·47、96、214

疑古派
五·120

义和团
一·452、576，二·71

阴阳家
五·20，七·366，八·115、120

印象主义
一·10

307

英美派知识分子
一·289、540，二·124，三·70、158、945，四·74，五·156，六·349、350、351、353，七·127、286，八·209

右翼
一·552，二·135，三·73、456、785，五·47、84

禹贡学会
五·66

鸳鸯蝴蝶派
一·109，二·21，三·108、109、435、446、662，五·164，八·190

云南大学
五·66

云南教育出版社
三·793、795，四·104、105、112

Z

浙江人民出版社
一·631，三·531、644，五·62，七·54

浙江文艺出版社
一·111、434，三·878，八·8

震旦大学
五·66

郑学
一·273

郑州大学
八·143

中国共产党
一·30、185、293、344、345、346、349、350、351、352、353、354、355、356、358、359、363、438、447、448、535、542、623，二·32、124、125，三·129、131、241、321、324、325、326、329、386、521、524、560、716、718、723、735、783，四·7、62、71、123、124、125、153、154、158、161、162、183、184、187，五·70、74、77、78、79、81、84、87、90、91、93、105、117、153、154、160、178，七·127、287、331、332、347、436、440，八·24、86、90、126、127、132、159、169、260、264

中国国民党
三·325，四·42

中国鲁迅研究学会
四·140

中国人民大学
二·32

中国人民大学出版社
一·627

中国社会科学出版社
一·273、277，三·896、904，七·55、74，八·27、198

中国社会科学院
一·621、624，三·744、786，五·107，八·199、221

中国文艺家协会
一・355、356

中国现代文学研究会
一・628、630，四・140、213

中华全国文艺界抗敌协会
二・124

中华书局
一・209、266，三・533，五・11，六・3、10、26、28、38、44、91、145、309、312、342、368、369、371、377、383、385、388

中华文学史料学学会
八・200

中山大学
四・129，五・66

中央大学
五・66

中央广播电台
八・262

中央研究院
四・79，五・66，八・93

中央研究院历史语言研究所
四・128，八・93

诸子百家
一・279，四・50、51，五・11、19，六・229、334、345，七・6、49

自由派
八・25

自由人
一・347、358，二・104，三・722、723、841，六・353，八・282

自由诗派
三・812、943、944

左联
一・350、355、515，二・30，三・432、718、728、729、730、731

左翼作家
一・188、344、346、347、349、350、351、352、353、355、356、357、358、359、361、362、363、498、526、549，二・103、104、139，三・26、27、68、73、76、79、133、239、297、371、372、379、422、423、431、433、436、459、521、569、642、664、674、677、697、723、730、731、734、741、742、755，四・77，五・105、156、157，六・353，七・432，八・33、209

左翼作家联盟
一・342、350、351、352、353、354、355、356、362、522、535、636，三・129、728，八・33

历史事件及其他社会事项类

B

八一南昌起义
二·24，四·146、149、155

白虎观会议
一·271

白话文运动
一·108、309、310，二·5、9，三·84、108、403、457、900，四·42，五·47，七·86、87

白莲教起义
三·522、534

百家争鸣
三·182、306，四·50、132，五·19、111、144，六·67、228、229、230，七·67，八·47

保路运动
三·549

北伐
一·184，二·24、104，三·131，四·123

拨乱反正
一·538，三·67、134、160、297，四·183、184

D

大跃进
八·7、129、130、131、285

大泽乡起义
三·521

大字报
二·31

党锢之祸
一·272

第二次世界大战（二战）
三·69、437、473、753，七·260

第一次国内革命战争
一·184、185、341，二·40，三·521，八·89

第一次世界大战
一·263

E

二次革命
一·590

F

法国大革命（法国资产阶级革命）
四·73，五·81，八·75、76

反帝爱国运动
三·783

反侵略战争
一·517，三·642、648、651、686、699、849

反右斗争
一·353，五·94

焚书坑儒
一·271，五·143，六·241，七·62、380，八·114、120

妇女解放运动
三·780

G

改革开放
一·280、491、559，三·740，四·167、173、183、184、190，五·158、177，七·324、333、343、347、447，八·69、90、161、191、215

革命文学论争
一·337、341、342，四·137，七·39

革命文学运动
三·731

工农革命
一·236、238、239

工业革命
一·138、454，七·31、399，八·25

公车上书
一·278

古文运动
八·58

国共合作
四·6

国际共产主义运动
五·74、117

国民革命
二·251

H

合作化运动
八·132

胡风事件
四·142

虎门销烟
八·89

华夷之辨
七·64

婚姻革命
二·157

J

今古文之争
一·306，七·404

九一八事变（九一八）
二·111，三·525、641、675、779

旧民主主义革命
一·590、594、619

军阀混战
一·221，三·65、468、750，五·73、96、153，七·99

K

抗美援朝
三·750，八·92、132

抗日战争
一·185，二·19、30、36、86、124、251、268，三·65、71、232、237、300、436、437、473、476、554、561、648、652、653、654、702、736、750、751、764，七·356，八·90

科玄论战
五·65

L

浪漫主义文学运动
三·30

两个口号论争
一·353

M

民族解放
三·649、780、792

民族战争
三·649、755、757、758、759、794

明末农民起义
三·522

木瓜之役
一·335

牧野之战
八·99、104

N

农民运动
一·576，八·86

奴隶制社会
五·76

女师大风潮（女师大事件）
一·320、326、338、341、342、569、570、574，三·288，四·78

O

欧洲文艺复兴
一·113、121，七·70

欧洲资产阶级革命
八·180

P

批儒评法
二·72

普法战争
一·15

Q

七七事变
三·525、543、779

启蒙运动
一·72、110、113、461，三·356、
五·26、76，六·355，七·37、38、
42、43，八·75、77、153、154

侵华战争
三·525

秦王朝（秦朝）
三·192、668，六·137，七·137、
178、179、194、206、207、221，八·
120

清朝文字狱
二·251

R

日本明治维新
一·141

S

三一八惨案
一·338、341、342

商鞅变法
三·535，七·178

社会主义革命
三·2，七·331，八·126

诗界革命
一·278，四·103

十月革命（十月社会主义革命）
一·5、17、576、591，三·3、297、
733，四·46、47、71，五·73、91

石渠阁会议
一·271

史界革命
三·486、487

世界反法西斯战争
三·437

T

太平天国起义
三·527，八·47

土地改革（土改）
三·764，五·87，七·315、332

托古改制
一·272、277，五·67，七·79

W

皖南事变
三·555

维新变法
四·103，七·126、146，八·89

维新运动（维新变法运动）
一·159、188、263、290，三·5、400、446、544，四·102，五·11、12、26、50，七·32、33、79、81、86、87、146、232、391，八·59

卫国战争
三·649

文革
一·104、159、638、644、647，二·78，三·99、125、152、162、163、168、170、171、172、239、297、725、756、758、761、865，四·198，五·152、157、158、159、163、176、177，七·104、128，八·30、223、230

文化革新运动
二·17，三·344、678，七·377、378，八·216

文学革命运动
一·342，三·84，四·167

文艺复兴运动
一·7，四·39、42，七·25

五四思想革命
一·96、310，三·130、487、488、四·140

五四文学革命
一·219，三·3、5、84、351、354、362、444、503、724、726、756，四·167，五·173、176、178、179，七·36、86

五四新文化运动
一·6、10、11、50、71、87、89、92、93、108、109、138、139、187、188、268、280、283、289、335、336、337、338、362、447、491、494、495、526、543、564、565、568、570、582、625、627、636，二·1、9、10、13、14、16、17、20、21、47、82、98、102、119、218、249，三·3、17、18、19、20、24、25、30、55、57、63、64、71、73、80、81、82、85、94、105、107、108、128、130、137、143、147、156、157、158、159、160、173、229、230、303、312、322、337、343、344、349、351、389、390、392、395、399、405、406、421、428、436、448、483、486、487、488、498、507、508、514、524、537、556、671、675、678、679、680、682、714、715、718、724、734、776、824、834、869、900、908，四·1、2、3、6、11、15、17、18、19、23、25、26、46、55、62、67、101、123、124、127、129、132、133、134、142、187、190、191，五·12、13、23、24、26、37、38、39、47、49、54、57、60、64、65、68、71、72、74、77、81、83、84、92、95、96、101、111、112、127、134、139、141、144、150、151、152、154、155、158、161、162、163、164、165、166、169、170、171、178、179、183、

六·346、349、354、358、359，七·4、
9、14、32、33、34、43、62、77、80、
81、82、83、84、85、86、87、88、90、
91、92、93、94、99、100、126、127、
145、146、226、249、278、279、287、
289、337、343、344、345、346、347、
349、352、354、356、357、364、376、
377、378、385、386、387、389、390、
391、394、395、396、397、398、400、
401、402、405、408、411、412、421、
432，八·4、26、33、47、50、51、62、
65、67、68、69、70、71、72、91、
126、185、190、214、215、216、229、
250、257、269、281

五四新文学运动
一·182、183、336，三·18、19、22、
26、87、349，四·129，五·150、162，
七·444，八·62

五四运动
一·437，二·47、113，三·5、93，
八·10

武庚叛乱
八·106

戊戌变法
七·126

X

香港回归祖国
五·87

小说界革命
一·278，四·103、109

辛亥革命
一·32、57、157、159、186、188、
263、286、290、292、293、328、329、
338、340、341、349、429、590、591、
626、642，二·1、47、168，三·276、
530、678、715，四·105、106、184，
五·14、26、37、54、58、60、73、81、
96、151、153，七·9、33、80、81、
84、126、168、233、245、300、343、
365、373、385、394，八·48、89、98、
169

新民歌运动
三·865

新民主主义革命
一·447、594、623，三·4，八·126

玄武门之变
三·531

Y

鸦片战争
一·10、119、120、276、290、293、
306、329、360、362、438、450、452、
458、543，二·119，三·16、87、88、
91、92、93、165、226、227、229、
235、276、389、401、436、475、486、
499、500、501、525、532、535、568、
683、714、716、745、805、872，四·
15、16、50、189，五·15、33、50、
89、90、95、96、131、153、177、178，
六·1、8、347，七·5、6、9、31、33、
50、55、59、62、70、78、95、96、97、
124、130、145、167、168、225、226、
230、277、279、285、288、302、309、
338、340、346、347、367、380、381、

396，八·89、135、229、253

洋务运动
一·188，七·31、32、33、78、79、81、125、126、127、146、338

夷夏之辨
五·4，七·67、68、69、70、366、367、405

义和团运动
一·452，七·224、231

Z

张勋复辟
一·186、398、404、590，二·167、168、172

整风运动
五·93

郑和下西洋
七·26、72

中美建交
五·88

周王朝（周朝）
一·121、142，三·525、526、六·18、19、20、21、29、49、117、139、191、221、222，七·6、133、161、162、166、229，八·99、100、101、102、103、104、105、106、107、108、109、110、111、113、120

尊孔读经
一·109、244、573，三·30

遵义会议
四·124

左翼文学运动
一·495，三·431、670、724、746、855，六·359

左翼文艺思潮
三·52

左翼文艺运动
一·289，三·26、747

编后记

宫 立

时间过得真快，一晃，恩师王富仁先生离开我们已经三年多了。单是先生的纪念文集，就出版了三种：北京师范大学出版社2019年4月版的《王富仁先生追思录》（北京师范大学文学院编）、北岳文艺出版社2019年5月版的《赤地立新：王富仁先生学术追思集》（李怡、商昌宝编）、上海三联书店2019年5月版的《在辰星与大地之间：王富仁先生纪念文集》（汕头大学文学院编）。此外，商务印书馆还陆续出版了老师的两本遗著《鲁迅与顾颉刚》《端木蕻良》。如今，北岳文艺出版社即将推出9卷12册的《王富仁学术文集》。它们的出版，必将丰富对先生的认识和理解，必将有利于对先生的学术道路、专业成就和治学特点进行富有深度的研究。

先生去世后不久，时任北岳文艺出版社社长续小强就联系先生的家人，计划出版先生的学术文集。经商议，具体的编选工作由我承担，李怡老师负责把关。

编选时，我尽可能将先生生前未曾结集的文章收入。其中第5卷《新国学论集》、第6卷《先秦思想文化论集》、第8卷《序跋集》所收文章，均是第一次结集。汕头大学出版社2006年出版过3卷本的《王富仁序跋集》，而此版第8卷所收为《王富仁序跋集》失收或出版后先生又新写的序跋。

第2卷收录的现代作家印象记也是第一次结集。先生的散文集《蝉声与牛声》收有一组名为"现代作家印象"的专辑，分别写了郭沫若、郁达夫、许地山、闻一多、朱自清、老舍、巴金、林语堂8位作家。后来阅读先生生前自己编的著译目录，方知这些文章发表在《太原日报》上。为此，我特意去了一趟太原，在山西省图书馆查阅了《太原日报》，才知先生自1993年1月7日至1994年11月10日在《太原日报·双塔》副刊上开设了"现代作家印象"专栏，涉及的作家除了前面提到的8位，还有蔡元培、陈独秀、胡适、鲁迅、周作人、李大钊、刘半农、钱玄同、成仿吾、张资平、茅盾、叶圣陶、冰心、庐隐、郑振铎、徐志摩、王统照、俞平伯、冯至、李金发、梁实秋、汪静之、林徽因、冯沅君、艾芜共25位作家。

先生著述颇多，但是，碍于学术文集的体例和总字数的限制，不可能将先生所有的文章都编入（比如先生的硕士论文《鲁迅前期小说与俄罗斯文学》只节选了总论部分，先生的博士论文《中国反封建思想革命的一面镜子——〈呐喊〉〈彷徨〉综论》只选取了刊发在《文学评论》上的摘要，《中国鲁迅研究的历史与现状》一书只选取了部分章节）。尽管如此，我们仍然可以把它当作一面镜子，以此反观先生四十年学术研究的心路历程以及由此形成的独属于他的精神姿态。正如樊骏先生所说："学术研究的每一个开拓、突破，都是从已有的成果、结论起步的，有所超越也有所承袭，由此汇成学术发展的长河。"中国现代文学研究的学术发展长河中已经留下了先生的学术足迹。我相信，先生留下的文字会一直伴随我们在思想和学术探索的长途上继续前行，并将温暖和照亮我们生命的晦暗时刻。

　　《王富仁学术文集》得以问世并获批2019年度国家出版基金资助项目，离不开时任北岳文艺出版社社长续小强的鼎力支持和王朝军、高海霞两位编辑对项目的整体统筹，以及其他编辑的辛苦，在此表示感谢。

2020年10月27日